Les ROIS FOUS DE L'HISTOIRE

ISBN : 978-2-412-03754-6
Dépôt légal : janvier 2020

Imprimé en France par Normandie Roto Impression s.a.s. (1905771)

Correction : Judith Lévitan-Dousset
Mise en page : Le Petit Atelier

Éditions first, un département d'Édi8
92, avenue de France
75013 Paris – France
Tél. : 01 44 16 09 00
Fax : 01 44 16 09 01
E-mail : firstinfo@efirst.com
Site internet : www.editionsfirst.fr

Les ROIS FOUS DE L'HISTOIRE

Sous la direction de Bruno Fuligni

Historissimo

FIRST
ÉDITIONS

AVERTISSEMENT

Par Bruno Fuligni

Chefs d'accusation

« Quel artiste meurt avec moi ! » s'exclamait Néron sur son lit d'agonie. L'empereur qui avait fait brûler Rome à l'été 64, tout en chantant et jouant de la lyre sous l'inspiration des flammes dévorant sa capitale, fut sans conteste l'inventeur de la performance artistique. La renommée lui en marqua une certaine reconnaissance, puisqu'il est resté dans les mémoires, tout comme son prédécesseur Caligula et son émule Héliogabale, celui-là même qu'Antonin Artaud appela si joliment « l'anarchiste couronné ».

À l'inverse, il faut bien constater que la plupart des monarques prudents et avisés, économes de vies humaines comme des deniers publics, ont sombré dans l'oubli… Les historiens, ou leurs lecteurs, ressentiraient-ils une attirance particulière pour les chefs d'État déments ?

Le mot « chef », étymologiquement, dérive du latin *caput* qui signifie « tête » ; c'est par métonymie qu'il désigne également l'homme qui se trouve à la tête d'autres hommes, voire est leur tête pensante et dominante. Mais que se passe-t-il quand cette tête-là déraisonne, autrement dit quand l'État perd la boule ?

La France, il y a tout juste un siècle, a fait l'expérience d'un président fou, en la personne du malheureux Paul Deschanel, tombé en pyjama du train présidentiel, et plus tard trouvé barbotant dans la mare aux canards… Les services de l'Élysée profitèrent d'un de ses rares moments de lucidité pour lui faire signer une lettre de démission.

Le problème est plus difficile à régler quand le chef de l'État est un monarque héréditaire, éventuellement de droit divin… Charles VI en France, Ivan le Terrible en Russie, Jeanne la Folle en Espagne, George III en Angleterre illustrèrent avec éclat la tragédie du pouvoir, de même que le roi-artiste Louis II de Bavière, toujours adulé des wagnériens et des touristes amateurs de châteaux kitsch. Chez d'autres, comme Ungern-Sternberg, Kim Il-sung ou Bokassa Ier, fonder une monarchie fut le symptôme ultime et, si on ose dire, le couronnement de leur folie.

Crimes de sang, dévastations, débauches du corps et de l'esprit, tels furent les événements marquants de leurs règnes inoubliables, enfin réunis et commentés par une équipe d'historiens qu'on espère, quant à eux, parfaitement équilibrés.

L'EMPEREUR DÉMENT

Par Jean-Yves Boriaud

à votre nomination, cher consul !

Caligula
(12-41)

« La vie, mon ami, si tu l'avais assez aimée, tu ne l'aurais pas jouée avec autant d'imprudence. » C'est ainsi que Caligula, si l'on en croit Albert Camus, répondit à un sénateur zélé qui avait cru devoir faire l'offre, en principe purement rhétorique, de sa vie, pour prix du rétablissement de son empereur atteint de maux d'estomac… La coutume – la *devotio* – était bien connue : dans les pires moments de l'histoire de Rome, on ne comptait plus les héros ayant ainsi sacrifié leur vie pour le salut de la patrie. Cette fois, la cause était ridicule, et Caligula, une fois guéri, prit l'infortuné sénateur au mot et le fit exécuter sur-le-champ.

À un sens de l'humour ravageur, on le voit, Caligula joignait en effet une haine absolue de cette caste sénatoriale, race aigrie, capable des pires flagorneries pour dissimuler le mépris absolu qu'elle lui portait. Les choses avaient pourtant bien commencé : successeur d'un empereur détesté – « Tibère dans le Tibre ! » avait-on crié un peu partout à Rome à l'annonce de sa mort –, le jeune Caius César Germanicus Auguste, rescapé de la redoutable cour de Tibère réfugiée dans le huis clos de Capri, fut favorablement accueilli, aussi bien dans la Ville que dans l'Empire, et la maladie

– authentique – dont il souffrit dès son avènement suscita dans le monde romain un grand élan de sympathie.

Accusations d'inceste

D'où vint alors à « Bottine » – *Caligula* en latin, comme l'avaient surnommé les légionnaires attendris, au camp de son père, le populaire Germanicus, où, tout jeune encore, il avait demandé et obtenu un touchant uniforme à sa taille –, la solide réputation de monstre qui lui est encore attachée ?

Des curieuses relations qu'il entretint apparemment avec ses sœurs et qui – calomnies ou non – entachèrent nettement son image ? À son avènement, il était veuf, et Rome n'avait pas manqué de pères pour lui proposer leur fille, ni de maris leur femme. Finalement, il s'était décidé pour une aristocrate, Cornelia Livia Orestilla, dont il tomba amoureux au cours même des noces de la malheureuse, auxquelles l'époux pressenti, Lucius Calpurnius Pison, avait eu l'imprudence de le convier. Le divorce fut prononcé le jour même, le nouveau mariage immédiatement célébré et Pison dûment récompensé. Mais en fait, et de l'avis général, l'empereur ne se plaisait vraiment, en dépit d'aventures nombreuses et diversifiées, qu'avec ses trois sœurs, dont les portraits figuraient sur ses monnaies.

Pour Agrippine et Julia Livilla, les accusations d'inceste, assénées par plusieurs historiens mais mal fondées, reposent sans doute sur des ragots de cour. Mais pour sa préférée, Drusilla, avec qui il avait été élevé, les choses sont moins claires. Qu'il la distinguât au sein de la fratrie ne fait pas de doute, même si aucun document ne vint la présenter, en dépit des assertions de Suétone, comme la véritable épouse du prince. Mais tout changea avec sa mort prématurée, le 10 juin 38. La douleur de Caligula effraya la cour entière, comme les mesures qu'il prit alors, telle l'interdiction de toute manifestation publique de joie: « Ce fut un crime capital d'avoir ri », confirme Suétone. Et cet acharnement à diviniser une sœur tant aimée fonda sa réputation d'empereur fou: le jour des funérailles, un flagorneur stipendié – un sénateur, qui reçut un million de sesterces – affirma en effet avoir vu l'image de Drusilla s'envoler vers le ciel. Il n'en fallait pas plus pour que le Sénat la déclarât divine: son portrait, en or, fut d'ailleurs placé dans la Curie; on éleva, en plein forum, une statue de Vénus à ses traits; on créa, pour l'honorer, un collège de prêtres, avec une cotisation d'entrée d'un million de sesterces; on lui éleva un temple et les dames romaines eurent obligation de jurer par son nom!

Tous ces honneurs, inattendus pour une jeune personne dont on n'avait guère eu l'occasion de mesurer les qualités, ne pouvaient émaner – personne n'était dupe – que de la seule volonté de l'empereur. Et pareilles grandiloquentes manifestations de chagrin, à l'échelle de l'Empire entier, faisaient immanquablement penser aux débordements affectifs de ces rois orientaux si détestés et si méprisés à Rome.

Dès le début de son règne, Caligula fut en effet officiellement célébré sous le nom de *Caesar maximus optimus*, en écho à la formule associée depuis toujours au maître des dieux, *Iovis maximus optimus*, « Jupiter très grand, très bon ». Il y eut ensuite l'étrange apothéose de Drusilla, le 23 septembre 38, suivie, toujours selon Suétone, de la consécration d'un temple que Caius se dédia à lui-même, avec sa statue, évidemment en or, à laquelle on sacrifiait, chaque jour, des animaux nouveaux et inhabituels : faisans, flamants, coqs de bruyère… Le venimeux Suétone étant seul à rapporter ce trait, on peut douter de la véracité d'un pareil excès, lui aussi orientalisant. Tout au plus l'empereur fut-il l'objet d'un culte en Asie Mineure, comme le montrerait une inscription découverte dans le temple d'Apollon à Didymes, ce qui ne faisait que prolonger une tradition locale inaugurée pour Auguste. Doit-on dire qu'il aggrava délibérément son cas par de nombreuses provocations, se lançant ostensiblement dans de grandes discussions avec

Jupiter, ou prétendant, les nuits de pleine lune, inviter l'astre à venir partager sa couche ?

Du même registre, ses projets urbains fantastiques, comme l'aile de son palais qu'il projetait de prolonger jusqu'au temple des Dioscures – Castor et Pollux –, qui n'en serait plus ainsi qu'une annexe. Sans compter ses apparitions originales, en costume de dieu : les Romains eurent bien du mal à démêler démesure et dérision.

Un acteur-né

Il était, de l'avis général, un acteur-né : tout le monde connaissait l'éloquence spectaculaire qu'il déployait devant le Sénat ou les Comices, comme aussi lors des fêtes privées où on l'invitait, et dans son court règne de quatre années, de 37 à 41 après J.-C., il soutint sans faiblesse le renouveau de la production théâtrale. Même si cela s'accompagnait d'une grande frustration : il lui était en effet interdit de jouer lui-même en public, comme de danser, pour d'évidentes raisons protocolaires, mais il le regrettait vivement et, lors de grandes représentations, on pouvait le voir, dans sa loge, mimer le jeu de l'acteur principal – et l'entendre réciter, en même temps que lui, son texte… Manifestations incongrues qui induisaient évidemment quelques doutes, parmi les spectateurs, sur son état mental.

On lui reprochait aussi de pousser un peu loin l'affection pour les gens de théâtre, comme l'acteur tragique Apelle, qu'il introduisit dans son entourage immédiat, ou le mime Mnester, qu'il adulait au point de faire expulser du théâtre quiconque émettait le moindre bruit pendant ses prestations.

Si donc, à son grand dam, il ne pouvait se produire publiquement, lui restait la ressource, avec les crédits illimités dont il disposait, de se fabriquer une scène privée à sa mesure. Le public campanien – aristocratique à souhait – fut ainsi fort impressionné, en 39, par la construction d'un étrange pont de 3 600 pas, sans aucune utilité pratique, dans la baie de Naples, entre le port de Baïes et la digue de Pouzzoles. Fait de bateaux placés bord à bord, à l'ancre bien entendu, et recouverts de terre pour mieux simuler une voie romaine, cet ouvrage d'art fit les délices de son impérial promoteur : le premier jour, Caligula y déambula à plaisir, couronné de feuilles de chêne, portant chlamyde, glaive et bouclier. Le lendemain, dans le même décor, on l'y revit en cocher, sur un char attelé de deux chevaux célèbres, précédé d'un otage de prix, le Parthe Darius, et suivi d'une escorte de gardes prétoriens et d'une série de chariots, avec ses amis. À quoi rimait cette parodie de triomphe où l'on n'exhibait qu'un seul et unique prisonnier ? On se perd en conjectures. S'agissait-il d'une reconstruction historique ?

Avec Alexandre vainqueur d'un autre Darius, à Issos, en 333 ? Ou Xerxès lançant par défi un pont sur l'Hellespont ? À moins d'y voir la simple réponse à un oracle ancien selon lequel Caius n'avait pas plus de chance d'arriver à l'Empire que de traverser la baie de Naples à cheval.

Mais c'était là, même poussée à l'excès, une passion somme toute honnête : le théâtre était un divertissement de gens cultivés, sénateurs ou chevaliers, et l'empereur, en offrant fréquemment à ses hôtes des places d'honneur dans l'un des trois grands théâtres romains, ne faisait que reprendre une tradition inaugurée par Auguste, référence absolue pour la dynastie et grand amateur de ce plaisir en général distingué.

Ce fut bien différent quand on se rendit compte du fâcheux penchant de Caius pour un loisir nettement moins honorable, celui des courses de char. Il ne lésina pas, là non plus, sur les moyens, et lança les travaux d'un nouvel hippodrome, le cirque du Vatican, respectable bâtiment de 500 mètres de long, situé entre l'abside de l'actuelle basilique Saint-Pierre et l'entrée de la place homonyme, avec l'obélisque de 25 mètres importée à grands frais d'Égypte et que nous voyons toujours au centre de cette place. S'y affrontaient les quatre factions, les Bleus, les Rouges, les Blancs et les fameux Verts, favoris de la faction politique des *populares*, ennemis acharnés du parti sénatorial, les *optimates*.

Ces Verts, Caius les soutenait ostensiblement, jusqu'à se commettre dans les banquets de leurs cochers, aux côtés de son préféré, Eutychès. Et jusqu'à, prétend une légende relayée par Dion Cassius, inviter à sa table son cheval favori, Incitatus, d'ailleurs promis à la dignité de consul, pour l'abreuver dans une coupe d'or et lui servir de l'orge dorée. Il y avait là, bien sûr, une immense comédie mais se mêler, fût-ce dans la dérision, à pareil milieu, c'était déchoir, et les Romains n'aimaient pas voir leurs *principes* (souverains) s'avilir et avilir leur fonction en fréquentant de trop près ce qui n'était pour eux que des gens de l'*infima plebs*, la couche inférieure du peuple.

Passion des gladiateurs

Plus grave encore : le jeune Caius cachait de moins en moins un penchant désagréable pour les pires des réprouvés, véritable lie de la société : les gladiateurs. Tibère, qui se méfiait d'eux, avait limité leurs affrontements à cent paires par an. Caligula, si l'on en croit le naturaliste Pline l'Ancien, en autorisa dix mille en quatre ans. Cet engouement allait loin : sa garde personnelle était ainsi constituée d'une troupe de ces gladiateurs thraces pour lesquels il cultivait une véritable adulation. Exotisme à bon marché ? Ou plutôt sage précaution, les prétoriens romains ayant une fâcheuse tendance à se laisser corrompre ?

En tant que spectateur, Caius se voulait donc un *parmularius* acharné, c'est-à-dire un partisan inconditionnel des combattants équipés d'une *parma*, petit bouclier rond – dont ses chers Thraces – et un ennemi tout aussi virulent des *scutarii*, porteurs du *scutum* – long bouclier creux – dont les mirmillons étaient l'archétype. Mais cet engouement touchait à la rage, Caius ne supportant pas plus la victoire d'un mirmillon que la défaite d'un Thrace, au point, dit-on, d'avoir décrété autoritairement qu'on allège l'armement de ces damnés mirmillons.

Et ce fut sur cette passion pour les gladiateurs que vint se greffer la légende de cruauté de l'empereur : le champion de ces mirmillons exécrés était un certain Columbus, qui allait de victoire en victoire, à la grande fureur de Caius. Un beau jour, il finit pourtant par être blessé légèrement et accepta les soins du médecin impérial : plus jamais il ne put reprendre les armes, et Caligula donna au médicament alors appliqué sur le pansement du malheureux le nom de « poison de Columbus »…

S'il ne pouvait paraître décemment dans l'arène, Caius n'en exigea pas moins de recevoir, au sein de sa *familia* (son équipe), la formation du gladiateur – thrace, cela va sans dire. Les entraînements étaient tendus : le *sparring-partner* de Caius, toujours équipé en mirmillon, se couchait évidemment à chaque combat, après une résistance de principe, et on en restait là… Jusqu'au jour où, dans le feu de l'action, l'empereur se précipita sur le corps de son adversaire à terre et l'égorgea, avant d'entamer une manière de danse de victoire, comme dans l'arène.

Cela fit mauvaise impression, comme aussi, lorsque, quasi ruiné, en 39, il fut obligé de vendre toute sa *familia* personnelle : pour ce faire, il imagina, à l'issue d'un spectacle, de retenir consuls, prêteurs et autres magistrats d'élite, pour les obliger à acheter hors de prix les gladiateurs survivants. Certains se ruinèrent – on parla de suicides – mais beaucoup acquirent ainsi le privilège de passer, aux yeux de Caius, pour des passionnés de jeux. Sage précaution…

Au-delà de ces divertissements, parfois sinistres, il est surtout reproché à Caligula d'avoir usé de la gladiature, monde dont il connaissait les rouages, pour ridiculiser – voire pire – les classes dirigeantes, en obligeant à l'occasion des chevaliers à se battre dans l'amphithéâtre. Quitte, dit Dion Cassius, à les faire exécuter après pour s'être exhibés volontairement dans l'arène… Ou, un jour qu'on manquait de condamnés à donner aux bêtes, d'avoir remplacé ceux-ci par les spectateurs du premier rang, à qui il fit couper la langue pour s'éviter leurs cris de désespoir…

Légendes, ragots ou vérités, ces épisodes ont une fonction précise dans les récits des historiens favorables à l'aristocratie sénatoriale : montrer par l'exemple la perversion introduite par Caligula dans les pratiques romaines traditionnelles, et Dion, deux siècles après les faits, dévoile clairement son propos : « Ce n'était pas le nombre, quoique horrible, des victimes qui suscitait l'horreur, mais le plaisir qu'il prenait à ces meurtres et l'inextinguible avidité avec laquelle il buvait ces sanglants spectacles. »

Trois complots

Caligula aurait-il eu la haine du genre humain ? « Comme j'aimerais que le peuple n'ait qu'une tête ! Elle serait plus facile à couper ! » proclama-t-il un beau jour. Boutade, sans doute, mais il est bien difficile de nier le peu de cas qu'il faisait de la vie humaine. Surtout lorsque son monde se fissura par l'effet de trois complots.

Le premier, assez bien connu, était dirigé par l'époux même de Drusilla, Lepidus, intime parmi les intimes, et même successeur logique, puisque Caligula avait fait de sa sœur préférée, maintenant décédée, l'héritière de ses biens, en même temps que de Lepidus son héritier personnel. Or, Caligula allait se remarier, ce qui suffisait, en cas de descendance intempestive, à retirer au jeune Lepidus toutes ses prétentions. Aussi celui-ci prit-il la tête d'une conjuration, accompagné de l'indispensable militaire Gaetulicus, prestigieux soldat et maître des armées de Germanie. Mais, pire que tout cela, les sœurs de l'empereur, Agrippine et Livilla, que le remariage de leur frère inquiétait fort, figuraient parmi les conjurés, comme l'apprit en octobre 39 un Caligula ulcéré.

Il partit alors vers le nord, avec gardes et soldats, jusqu'à Lyon où la conjuration fut décapitée : Gaetulicus et Lepidus furent exécutés après procès, et les sœurs félonnes exilées aux îles Pontiennes. On tua aussi quelques complices, comme le roi Ptolémée de Maurétanie, et on en exila d'autres. Le philosophe Sénèque échappa de peu à de gros ennuis, grâce à une maîtresse de Caius qui lui assura que le chétif stoïcien n'en avait plus pour longtemps… Mais, somme toute, la répression fut limitée, comme doivent bien le reconnaître, entre les lignes, les historiens de Caligula.

Il y eut certes une autre conjuration, elle aussi découverte, et la répression s'accompagna de son lot de tortures et d'atrocités, comme l'histoire de ce père forcé d'assister à l'exécution de son fils, ou celle, en pleine nuit, à la fin d'un banquet, de la mise à mort de plusieurs conjurés, la bouche emplie d'une éponge pour éviter que leurs cris ne troublassent les agapes. À cette occasion, l'empereur se brouilla définitivement avec Sénèque, là encore vaguement soupçonné, en taxant publiquement son style de « sable sans chaux » *(arena sine calce).* Pour le philosophe, qui l'apprit rapidement, c'était bien pire que la mort, et il en garda, sa vie durant, une rancune tenace à l'égard de Caius.

Pourtant, les historiens, même s'ils mettent en exergue quelques cas – bien atroces – préfèrent retenir, de la répression, sa tonalité bien plus que sa réalité : après l'épisode, plus personne ne se sentit en sécurité dans une Rome où, finalement, Caligula avait réussi à se mettre à dos toutes les composantes de la société.

Pour preuves de son échec, ces écrivains réputés sérieux avancent une série de prodiges destinés à montrer sans ambiguïté – comme pour un héros de tragédie – que les dieux l'avaient abandonné : ainsi l'éclat de rire de la statue de Zeus, à Olympie, que l'on devait démonter pour la transporter à Rome.

L'ultime conjuration, qui vint à bout de l'empereur dément, le 24 janvier 41, dans un tunnel du Palatin, était donc inévitable.

Caligula avait bien joué son rôle, en cumulant, lors d'un règne très bref, toutes les tares dont ces historiens s'apprêtaient à charger Néron, archétype des Julio-Claudiens détestés : histrion impénitent et impie, criminel et incestueux, Caius avait bien préparé la voie…

« J'ai parlé jusqu'ici d'un prince ; je vais parler maintenant d'un monstre », proclame très tôt Suétone, dans sa *Vie de Caligula*.

L'ORGIAQUE

Par Hélios Azoulay

Héliogabale
(204-222)

« Fou » est un diagnostic misérablement étroit pour César. Héliogabale *Imperator* a été grand-prêtre, marieur des dieux, dérégleur des mondes, et dépraveur des corps. Obscène oiseau des nuits romaines, à lui seul opéra astral et ridicule, Héliogabale a été femme aussi. « Voilà ce que j'appelle être Empereur ! » disait-il.

Rome est pourrissante, et la vie est perdue d'avance. Il le sait. Inutile de se débattre. Héliogabale ne laisse aucune loi qui porte son nom dans le corpus des décisions impériales. Mais en seulement quatre ans de règne, l'adolescent offusque l'Histoire, joue de bons tours aux vieux crânes du Sénat, et laisse la morale en état de choc.

Prêtre du Soleil

Étrange fruit d'une illustre dynastie de rois-prêtres syriens, Varius Avitus Bassianus naît en juin 204. Il ne s'appelle pas encore Héliogabale.

Il naît à Rome, peut-être, comme son père Marcellus. Ou en Syrie, à Émèse : sa jeune mère Julia Soæmias y est née, elle, vingt ans plus tôt. Elle est belle, riche. Beaucoup d'hommes se laisseront étourdir au rebond de ses seins, dans le luxe de ses cheveux noirs, à la fraîcheur de ses lèvres.

À Émèse brûle un soleil vénéré par ses habitants. Dans l'Orient romain, cette ville caravanière des cavaliers du désert est aussi prestigieuse qu'aride. Né grand-prêtre, le petit garçon apprend les rites et se dévoue avec amour à son dieu unique, Élagabal.

Élagabal est une pierre, noire, immense, elle est tombée du ciel. Élagabal, « le dieu de la Montagne ».

La roche hiératique trône dans le temple du Soleil, où le petit prêtre exécute ses premières danses sacrées. *Héliogabale* : Hélios, Élagabal. Le Soleil, la Montagne. Ainsi l'histoire affuble les hommes de noms dont les mères sont innocentes.

Par le mariage de Julia Domna, la sœur de sa grand-mère, il est le petit-neveu de Septime Sévère, empereur. Mais le sang dégouline de l'arbre du pouvoir. Quand Septime Sévère meurt, le 4 février 211, ses deux fils se partagent le pouvoir. En frères : Caracalla, l'aîné, fait poignarder Géta dans les bras de leur propre mère, à qui la moindre larme est interdite.

Quelques années plus tard, le 8 avril 217, c'est au tour de Caracalla de se faire trahir par le glaive. Macrin, vulgaire Maure aux oreilles percées, est alors nommé Empereur.

À la mort de Caracalla, si la puissante Julia Domna se laisse mourir de faim, sa sœur Julia Mæsa ne perd pas l'appétit. La grand-mère d'Héliogabale fait croire que ce dernier est le fils de l'empereur lâchement assassiné. Caracalla aurait donc engrossé la fille de Julia Mæsa, Julia Soæmias, sa nièce.

C'est d'autant plus simple que le véritable père d'Héliogabale est mort et que l'opinion publique se retourne à coups d'or et de calomnies dans l'Empire.

Imperator

Ainsi, le 16 mai 218, dans l'euphorie des soldats de la IIIe Légion gallique du camp de Raphaneæ, Héliogabale est acclamé *Imperator*. Il a quatorze ans. Macrin, qui s'était déjà mis sa propre armée à dos par sa pingrerie, est égorgé en misérable fuyard un mois plus tard en Cappadoce.

Le 9 juin, vêtu de pourpre et d'or, alourdi de colliers éblouissants, de bracelets aux bras et aux poignets, coiffé d'une sorte de couronne d'or et de gemmes, Héliogabale fait son entrée à Antioche.

Mais Rome est loin, et il n'est d'empereur qu'à Rome. Cerné par trois femmes, sa mère Julia Soæmias, sa tante Julia Mammæa et sa grand-mère Julia Mæsa, le jeune homme est étranglé d'amour, d'intrigues et de rivalités jalouses.

Trimballant avec lui une cour bruyante et criminellement riche, le jeune empereur se dirige vers le nord. Avec lui aussi, le Rocher, Élagabal, qu'il rêve d'installer sur le Palatin. L'objet est confisqué au temple du Soleil d'Émèse et, traîné comme Hélios par quatre chevaux sur un char étincelant, son dieu consent à l'exil.

La route est longue. Sa mère l'éduque, et lui apprend la débauche considérée comme l'un des beaux-arts. Le jeune garçon est doué. Il aime les femmes autant que les hommes, dont il se dit « l'amante ». Passionné, il est beau, androgyne et voluptueusement déluré.

La réputation de sa cour turbulente le précède. Rome l'attend, méfiante, curieuse et fascinée. Le voyage durera un an.

En juillet 219, Héliogabale pénètre en Oriental tapageur dans la Ville aux Sept Collines. Et s'il se montre généreux jusqu'au délire pour le peuple de Rome, les sénateurs perdent les derniers cheveux qu'il leur reste en apprenant la nomination de sa mère à la tête du Sénat. Julia Soæmias, « Mère du Sénat » : aucun César n'avait eu cette outrageante audace. Une femme !

De plus, entiché jusqu'au tréfonds de son dieu, il renverse la hiérarchie du Panthéon et fait passer sa pierre inconnue avant Jupiter. Il ordonne la construction d'un temple, l'Elagabalium.

Pour Élagabal, on immole tous les matins taureaux et brebis, par dizaines, déversant des amphores de vins rares sur les animaux sacrifiés. Héliogabale danse, chante et crie son syrien barbare, fardé comme une Égyptienne. Effarés, les sénateurs, « ces vieilles salopes », dansent et suffoquent dans des nuages d'aromates qu'il fait brûler jusqu'à l'étourdissement.

Délire d'enfants

Dès son arrivée, sa grand-mère le marie pour la première fois dans le paroxysme de cinquante et un tigres massacrés sous les yeux de la noce. Sa femme, Cornelia Julia Paula, sera répudiée moins d'un an plus tard parce qu'elle a une tache sur le corps.

Il enlève alors une jeune vestale, Aquila Severa, prêtresse devant rester vierge jusqu'à 40 ans. Convoquant le Sénat, il justifie le sacrilège en déclarant vouloir des enfants divins, associer les feux perpétuels de Vesta au feu solaire éternel.

Héliogabale se fait circoncire, lier les testicules. Il offre à Élagabal des sexes d'hommes fraîchement châtrés, dans la colère d'un héritier qui n'arrive pas. Finalement découragé, il congédie la nouvelle épousée et se jette sur une pure descendante de Marc Aurèle, Annia Faustina, dont il vient de faire tuer le mari.

Ordonnant l'enlèvement de jeunes enfants de la noblesse, il les fait égorger pour lire son avenir dans leurs entrailles…

Toujours pas d'héritier. Écœuré, il déclare ne pas vouloir d'enfants, « de peur d'en avoir un qui fût vertueux ».

Une idée supérieure l'inspire. Il décide d'unir Élagabal à Minerve et prie pour l'accouplement de sa pierre avec une statuette de la déesse qu'il fait enfermer dans l'Elagabalium. Mais Minerve, infertile, n'accouche que de silence. Le Sénat pouffe de rire à ces enfantillages. Désespéré, l'empereur fait venir de Carthage, Tanit, la Lune. Il les marie, croyant restaurer un ordre cosmique. Mais la nouvelle idole et la pierre restent de marbre l'une pour l'autre.

Toutes ces pitreries consternent Rome, et finalement agacée par ces stériles accouplements divins, Julia Mæsa lui recommande d'adopter un enfant. Héliogabale cède et, à 17 ans, prend pour fils son cousin germain, Alexianus, 13 ans !

Mais Héliogabale n'en finit pas de tout renverser. Envoyant ses agents dans tout l'Empire lui dénicher des hommes bien membrés, il offre « aux plus grosses » les plus hautes fonctions. Un danseur devient préfet de Rome puis consul. Un cocher de cirque, préfet des vigiles. Son ancien coiffeur, préfet de l'Annone. Un comédien, contrôleur du Sénat. Un coureur, un serrurier, un cuisinier, des eunuques sont, du jour au lendemain, nommés procurateurs, intendants, trésoriers…

L'incompétence prend le pouvoir sans que Rome ne vacille pourtant. Héliogabale ne comprend pas. Cela ne suffit donc pas ! Faut-il tout ruiner ?

Dîners décadents

Héliogabale a faim. Sur un char d'or incrusté de pierres précieuses, attelé de quatre cerfs ou de quatre chiens, de lions apprivoisés, de tigres, d'éléphants ou de femmes nues qui précèdent son turbulent équipage, l'Empereur veut dîner.

Certains repas comptent jusqu'à vingt-deux services : langues de rossignols, cervelles de flamants, entrailles de surmulets, têtes de perroquets, de faisans, de paons, d'autruches, talons de chameaux, crêtes arrachées à des coqs vivants, tétines de truies avec leur vulve… Et pour ses convives, Héliogabale l'espiègle fait parfois défiler les plateaux, avant de tout jeter par la fenêtre pour leur faire servir des rats. On le regarde alors se goberger.

Étendu sur un canapé bourré de poils de lièvre ou de duvet arraché sous l'aile des perdrix, Héliogabale vomit dans l'or, pisse dans des vases en onyx ou dans des porcelaines importées de Chine. Ses rots empestent le safran.

Quand il s'ennuie, Héliogabale veut avoir le monde à sa table. Alors un soir il invite huit chauves à dîner. Et le lendemain huit gros. Puis le jour d'après, huit borgnes, puis huit sourds, puis huit Noirs à qui il offre des eunuques.

Et quand il s'ennuie encore, il veut à tout prix savoir combien de Romains souffrent d'une hernie, les fait rassembler au Palatin pour se baigner, nu, avec eux, dans la piscine impériale. Ou exige qu'on lui ramène toutes les toiles d'araignée de la ville, voulant juger par-là de la grandeur de Rome.

Et puisque la vie est d'un ennui à en crever, il s'inspire de Néron et fait construire une salle à manger à plafond coulissant… La soirée était si belle. Le dîner un délice. Tout à coup, le plafond grince, s'ouvre, et sur les invités saoulés aux meilleurs breuvages s'effondrent plusieurs tonnes de roses, jacinthes, violettes, lys, narcisses, dans une hallucination de parfums. Héliogabale tend l'oreille, interrompt l'orgue hydraulique et s'étonne qu'on puisse mourir étouffé, des pétales plein la bouche.

On ne se baigne jamais deux fois dans le même fleuve

Mais Héliogabale trépigne. Rome ne peut donc être ruinée ! Alors, l'empereur ne porte jamais deux fois le même vêtement. Le linge lavé est bon pour les mendiants. Héliogabale n'enfile jamais deux fois le même anneau.

Héliogabale ne se baigne jamais deux fois dans les mêmes thermes. Il faut bâtir, puis démolir.

Héliogabale fait couler des navires chargés de marchandises. Il nourrit ses chiens de foies d'oies, ses chevaux de raisins d'Apamée, ses lions de faisans ou de perroquets. Il fait construire des bassins d'eau salée au milieu des terres. Dans ses piscines, on fait verser du vin aromatisé à l'absinthe pour qu'il puisse boire l'eau de son bain.

Héliogabale n'a pas sommeil. Quand il n'interprète pas Vénus, nu, au théâtre, il se travestit en femme et, à la faveur de la lune, tétons à l'air, invite les passants à le suivre – couvrant d'or les putains, ses « camarades », qui lui apprennent tous les plaisirs, toutes les postures, dans des bordels qu'il fait lui-même construire.

Héliogabale ne couche jamais deux fois avec la même prostituée, et parfois rachetant la plus troublante pour cent mille sesterces, il la respecte comme une vierge, tenant par-dessus tout à l'épiler lui-même avec un onguent dont il ne partagera pas le secret.

Enfin, follement amoureux d'un esclave, Hiéroclès, qu'il rencontre lors d'une course de char, il lui ordonne de l'insulter, de le frapper, exhibant le lendemain matin ses yeux au beurre noir. Épilé, maquillé, l'empereur dévergondé se fait appeler publiquement « Impératrice ». Fou d'amour pour son favori, il supplie les médecins de lui inciser un sexe de femme au-dessus de son pénis. Hiéroclès prend une place de plus en plus indécente à la cour et Héliogabale ne cache pas son désir de le nommer César, prince héritier.

Mais vivre à toute allure est une perte de temps, car le temps dépasse les hommes pressés.

Trois morts

Nous sommes en 221, Héliogabale inaugure une résidence secondaire à Rome où un hippodrome de six cents mètres, à l'abri de la pluie et du soleil, lui permet de s'adonner à sa passion pour la course de chars. Il y fait déplacer sa pierre sacrée. Et pour fêter cela, il jette, vivants, à la foule qui s'entasse aux pieds de ses tours, des ânes, des chameaux, des cerfs, des tigres, mais aussi des vases ou des étoffes en or. Le peuple, fou, s'arrache cette pluie délirante. Les animaux morts à cause de la chute sont démembrés sur place, on s'étrangle pour l'or. L'hystérie atteint un tel paroxysme que la garde prétorienne fait couler le sang de son propre peuple. Héliogabale rit et poursuit les réjouissances avec ses amis. Musique ! Festin d'orgies, orgie de festins !

Des prêtres syriens en qui sa confiance est complète lui prédisent alors une mort brutale. Qu'à cela ne tienne, il veut mourir en artiste.

Rien ne sera laissé au hasard. Héliogabale mourra étranglé ? Qu'on lui tresse des cordons en fil de soie pourpre ou écarlate. Si par son propre glaive il doit se frapper ? Qu'on lui en fabrique un en or massif. S'il faut périr par le poison ? Que lui soient offertes les plus belles fioles de l'Empire, et qu'on ne lésine pas sur l'éclat des améthystes, des fulgurites ou des émeraudes. Enfin, s'il faut se jeter par la fenêtre, ce sera du haut de cette tour. Et qu'en bas, on y installe une table en or pour que sa dernière vision possède l'éclat de l'ultime luxe.

Plus encore que les dieux courroucés, sa grand-mère et sa tante, mère d'Alexianus qu'il pervertit par tant de stupre, décident de monter contre lui le Sénat et la garde prétorienne, que l'empereur gave pourtant d'or. Mais Héliogabale n'est pas aveugle à ces manœuvres et, pour salir Alexianus, il ordonne de souiller de boue les statues de son fils adoptif, le déshéritant à l'instant même de son rang de César.

Ulcérés par l'outrage, les prétoriens réclament la mort de « tous les tarés » d'Héliogabale. L'empereur s'interpose dans un hurlement pleurniché : « Laissez-moi au moins Hiéroclès, quoi que vous pensiez de lui, ou tuez-moi ! »

Les prétoriens ne peuvent malgré tout se résoudre à exécuter ainsi leur empereur. Hiéroclès est donc épargné. Héliogabale promet alors de cesser de débaucher son fils adoptif, de lui redonner son rang de César et de ne lui faire aucun mal, ni injure.

L'empereur est pris au piège. Il ne peut assassiner Alexianus. Il en rêve pourtant. Il le déteste.

Le 13 mars 222, se rendant au camp des prétoriens avec Alexianus, il est accueilli avec une froideur de mauvais augure. Sa tante et sa mère haranguent alors leurs partisans respectifs.

Les heures s'accélèrent. La bacchanale orgiaque qui accompagne tous les déplacements impériaux est sur l'heure liquidée. Hiéroclès, épargné la fois dernière, est exécuté dans un bain de sang. On lui arrache les organes génitaux.

Héliogabale va mourir. Trois fois. Les récits de sa mort se mélangent, divergent.

Soit traqué, bête folle, hurlant, Héliogabale est retrouvé dans les latrines où il est tué.

Soit extirpé, ridicule, suppliant, d'un coffre où il s'était caché, Héliogabale est égorgé dans les bras de sa mère.

Soit enfin, après s'être réfugié dans l'inviolable temple des étendards prétoriens, il donne l'ordre à ses fidèles d'assassiner les séditieux. Et croyant se sauver par ce dernier massacre, il retourne imprudemment au palais, où la garde le retrouve et l'exécute.

Mais la mort n'est qu'un début pour Héliogabale. On décapite son corps et celui de sa mère. Les deux corps, déshabillés, traînés sur trois kilomètres, sont livrés à la foule et déchiquetés. Celui de la mère est jeté dans un cloaque, mais le bouffi Héliogabale ne passe pas par les égouts. On continue de le traîner sur la piste du Grand Cirque pour le jeter finalement dans le Tibre, du haut du pont Æmilius, non loin de la *Cloaca Maxima*, où se déversent toutes les ordures de la ville. Et afin d'être sûr que personne n'ira le rechercher pour lui rendre un quelconque honneur, attaché à une sorte de boulet, le morceau d'Héliogabale sombre dans les eaux. La terre ne sera pas souillée par l'impur.

Héliogabale mort, il faut maintenant l'effacer. Ses portraits sont brisés, et partout où son nom est gravé, on le martèle sur ordre du Sénat. Le lendemain, on acclame Alexianus, Sévère Alexandre, nouvel *Imperator*.

« Voilà ce que j'appelle être Empereur ! »

LE CALIFE FOU DE L'AN MIL

Par Philippe Delorme

Al-Hakim
(985-1021 ?)

Le vingt-huitième jour du mois de ramadan, 386 de l'Hégire – soit le 14 octobre 996 de l'ère chrétienne –, le calife al-Aziz Billah, imam des ismaéliens, s'éteint à Bilbéis, au sud-est du delta du Nil. Son fils, Abou Ali Mansour, n'a encore que onze ans et cinq mois, mais il n'oubliera jamais cette poignante scène d'adieux, prélude à son propre avènement : « Mon père m'a appelé avant sa mort. Son corps était nu, à l'exception des bandages et des guenilles. Il m'a étreint et m'a embrassé en me disant : "Je suis affligé pour toi, bien-aimé de mon cœur." Ses yeux étaient pleins de larmes. » Un peu plus tard, alors que l'enfant est sorti pour jouer, Bardjawan, l'intendant d'al-Aziz, le rejoint : « Bardjawan est venu vers moi alors que j'étais au sommet d'un sycomore qui se trouvait dans la cour de la maison. Il m'a dit : "Descends mon garçon, que Dieu nous protège tous." J'ai mis pied à terre. Il a posé le turban orné de diamants sur ma tête, a embrassé le sol devant moi en ajoutant : "Que la paix soit sur toi, Commandeur des croyants, miséricorde et bénédiction de Dieu." »

Ainsi s'ouvre le règne de celui que son biographe français de référence, Antoine-Isaac Silvestre de Sacy, flétrira comme

« le plus barbare et le plus insensé des tyrans dont la mémoire ait souillé les annales du mahométisme ».

Souverain par la volonté de Dieu

Nul, pourtant, ne semble contester les droits du jeune Ali Mansour à la succession. Dès le lendemain, avec son armée, celui-ci fait au Caire une entrée fastueuse. En tête de la procession, un chameau porte le corps du monarque défunt, placé dans une riche litière couverte. Derrière lui, l'adolescent a revêtu une robe unie sous son armure, une lance à la main, l'épée suspendue à son cou. Le jour suivant, 16 octobre, il est solennellement intronisé en tant que calife et seizième imam des ismaéliens. Il reçoit alors le titre honorifique d'« *al-Hakim bi-amr Allah* – Souverain par la volonté de Dieu », sous lequel il s'inscrira dans l'histoire.

C'est à la mort de Mahomet, en 632, que l'un de ses compagnons, Abou-Bakr, a pris la dignité de calife, c'est-à-dire « successeur ». Mais certains croyants contestent ce coup de force et lui préfèrent Ali, qui est à la fois le cousin et le gendre du prophète, puisqu'il a épousé sa fille, Fatima. L'assassinat d'Ali puis le martyre de ses fils Hassan et Hussein rendront les deux camps irréconciliables. Tandis que les sunnites – ou « partisans de la tradition » – reconnaissent la prééminence des califes omeyyades, puis abbassides, les

« disciples d'Ali » – ou chiites – demeureront fidèles à leurs imams, souverains temporels et guides spirituels, désignés au sein de la descendance du fondateur de l'islam. À la suite de désaccords ultérieurs, le chiisme se fragmentera à son tour en plusieurs sectes…

En 910, le chef de l'une d'entre elles – celle des ismaéliens –, l'imam Oubaïd-Allah, se proclame calife au Maghreb, grâce au soutien de la tribu berbère des Kutama. Désormais, sa dynastie se qualifiera de « fatimide », en l'honneur de sa noble aïeule Fatima.

En 969, après des débuts difficiles, l'imam al-Muizz li-Din Allah, quatrième calife de sa lignée, conquiert l'Égypte où il fonde une nouvelle capitale, Al-Kahira, « la Victorieuse ». C'est dans cette ville que voit le jour le futur al-Hakim, le 13 août 985, petit-fils d'al-Muizz et peut-être fils d'une chrétienne melkite.

Le monde arabo-musulman est alors divisé en trois principales entités rivales. Tandis que les fatimides contrôlent l'Afrique du Nord jusqu'à l'actuelle Algérie, la Palestine et une partie de la Syrie, les Abbassides règnent à Bagdad, et une branche des Omeyyades à Cordoue et au Maroc. La minorité d'al-Hakim incite al-Hassan Ibn Ammar, cheikh des Berbères Kutama, alliés de longue date, à se faire accorder les fonctions de *wasita*, sorte de médiateur tout-puissant entre le calife et le peuple.

Un an plus tard, en octobre 997, l'eunuque slave Bardjawan, tuteur officiel du jeune prince, parvient à supplanter Ibn Ammar et à s'emparer de la régence. Il l'exercera sans partage jusqu'à ce qu'al-Hakim, las d'être tenu en lisière, ordonne son meurtre. Bardjawan n'avait-il pas la détestable habitude de le surnommer le « petit lézard » ? Le 26 mars de l'an mil, ce dernier convoque son mentor : « Le petit lézard est devenu un grand dragon, et il vous demande. » Puis il le fait abattre d'un coup de lance dans le dos au cours d'une promenade. L'esclave Reïdan, qui a tenu l'arme, sera d'ailleurs promptement expédié. Âgé de quinze ans à peine, al-Hakim inaugure ainsi son pouvoir personnel par un double homicide…

Conférences avec Satan

Soucieux d'apaiser les Turcs et ses autres sujets orientaux qui redoutent une machination berbère, l'apprenti calife prétend que Bardjawan conspirait contre lui. Devant les notables assemblés, il explique qu'il n'a fait que se défendre, avant de les prier non sans habileté, les yeux embués : « Aidez-moi de votre secours, et ne m'opprimez pas, car je suis encore un enfant. » Nul ne saurait encore imaginer que, durant deux décennies, ce rejeton suppliant allait se comporter en despote sanguinaire, capricieux et imprévisible, alternant accès de violence absolue et marques d'une générosité insensée, multipliant excentricités insolites et folies homicides, soufflant sans cesse le chaud et le froid afin de mieux maintenir son empire dans une terreur permanente.

Un témoin du temps, l'évêque Sévère d'Oschmouneïn, le dépeint en ces termes : « Ce prince avait l'aspect aussi terrible qu'un lion, ses yeux étaient grands et d'un bleu rembruni, on ne pouvait soutenir son regard, sa voix était forte et effrayante. Son caractère joignait la bizarrerie et l'inconstance à la cruauté, unissait l'impiété à la superstition. Il adorait, dit-on, d'une manière spéciale la planète Saturne, et croyait avoir des conférences avec Satan. On assure que dans le cours de son règne, dix-huit mille personnes furent victimes de sa férocité. »

Afin d'asseoir sa prépotence, de frapper les esprits et de désarmer toute opposition, al-Hakim commence par multiplier les exécutions capitales. Ministres et hauts fonctionnaires sont les premiers visés, mais personne, jusqu'aux plus obscurs, n'est à l'abri de sa colère, comme le rapporte le chroniqueur Yahya d'Antioche : « Il s'abandonna à l'effusion du sang des hommes de toutes classes, de sorte qu'il mit à mort les chefs kutamites, les principaux de son royaume tout comme les plus petits. Tous ceux qui se trouvaient dans ses prisons furent mis à mort, de sorte qu'elles restèrent vides pendant longtemps. Un soupçon, petit ou grand, tombait-il sur quelqu'un, al-Hakim le tuait et le brûlait… »

L'Empire fatimide – et singulièrement l'Égypte – compte alors de fortes communautés chrétienne et juive, soumises au statut vexatoire de la « dhimmitude ». Pourtant, al-Hakim dirige d'abord ses foudres vers ses coreligionnaires sunnites, qu'il juge hérétiques, même s'ils constituent la grande majorité de la population. Un Syrien qui refusait de saluer la mémoire d'Ali est ainsi décapité puis suspendu à un gibet. D'autres musulmans sont humiliés publiquement, emprisonnés, battus à mort. Un malheureux est roué de coups puis promené sur un âne, avec cette pancarte : « Tel est le sort réservé aux partisans d'Abou-Bakr et d'Omar. » Parallèlement, al-Hakim intensifie la propagande ismaélienne. En 1005, il jette l'anathème sur les premiers califes, dont il songera même à profaner les tombes, à Médine. Son édit, rédigé en termes injurieux et affiché en lettres d'or sur la porte des mosquées, déclenche de telles émeutes qu'il sera obligé de l'abroger.

Si une trêve est conclue avec l'Empire byzantin et si al-Hakim tient en respect son concurrent abbasside, il devra faire face à plusieurs séditions. La plus dangereuse sera celle de Walid ibn Hicham. En 1004, cet aventurier d'ascendance omeyyade, surnommé Abou Rakwa – « l'Homme à l'outre » –, soutenu par plusieurs tribus nomades, prend le titre de calife, en tant que champion de la légitimité sunnite. Il manquera de s'emparer du Caire, à la grande frayeur d'al-Hakim, avant d'être vaincu au Fayoum par les troupes syriennes d'al-Fadel ibn Salib. Avant d'être mis à mort, l'usurpateur est exhibé dans les rues de la capitale, juché sur un chameau et coiffé de haillons multicolores, flanqué d'un singe qui le fouette au visage. Quant à al-Fadel, il est d'abord couvert d'honneurs puis, un jour, le calife le convoque dans son palais. À ses côtés, est assis un petit garçon qu'al-Hakim a acheté cent pièces d'or. Sans une parole, ce dernier l'égorge, lui arrache le foie et les entrailles et les coupe en morceaux. Épouvanté, al-Fadel regagne sa demeure, rédige son testament. Une heure plus tard, des sicaires viennent lui couper la tête.

Chaque soir, sans doute dans le but de raviver sa popularité, le sinistre souverain descend au Caire ou dans la vieille cité de Fostat, sous un déguisement qui ne trompe personne. « Accompagné par quelques-uns de ses familiers, écrit Yahya d'Antioche, ils parcouraient tour à tour les rues et les ruelles. Les autorités publiques ordonnèrent aux marchands d'allumer des lampes devant leurs boutiques et leurs maisons et de faire le commerce pendant la nuit, de sorte que, par l'animation, les rues et les marchés furent de nuit ce qu'ils étaient pendant le jour. » Al-Hakim se plaît surtout à assister à des bagarres et des rixes sauvages, quitte à les provoquer lui-même. Il lui arrive d'échanger des plaisanteries avec des gens du peuple qu'il laisse l'aborder librement.

Frénésie d'ordonnancement

À partir de 1007, l'Égypte étant en proie à plusieurs années de sécheresse et de disette, al-Hakim change radicalement de politique. Il interdit les divertissements nocturnes et même toute activité après le coucher du soleil. Un rôtisseur qui avait osé allumer son four avant l'aube est précipité dedans tout vif. Les chevaux ne peuvent plus entrer au Caire et encore moins circuler aux alentours du palais.

Après la mort de son médecin chrétien qui lui préconisait l'usage du vin pour combattre sa mélancolie, al-Hakim renoue avec une prohibition stricte des boissons enivrantes, bien au-delà des prescriptions coraniques. Non seulement on ne peut plus produire ni consommer de vin, mais la bière de froment et d'orge est également proscrite. Les raisins frais sont confisqués ou piétinés, les vignes labourées, les cargaisons de fruits secs jetées dans le Nil ou détruites par le feu. Même le miel et les dattes, susceptibles de subir une fermentation, sont mis à l'index.

Pourtant, al-Hakim n'en reste pas là. Certains aliments ne trouvent pas grâce à ses yeux, pour d'étranges raisons. La *mloukhiya* – ou corète potagère –, une espèce d'épinard, est du nombre, car elle était le plat de prédilection de Muawiya, le premier calife omeyyade. De même que les courges et la roquette – ou *djerdjir* –, qu'aimait beaucoup Aïcha, l'une des femmes de Mahomet, ennemie d'Ali. D'autres interdictions ont des fondements plus obscurs, comme celle des tellines, innocents mollusques bivalves. On ne devra pas non plus pétrir le pain avec les pieds, ni tuer les bœufs, sinon ceux qui seraient malades ou estropiés. En revanche, al-Hakim ordonne l'immolation générale des porcs – ce qui peut éventuellement se comprendre dans un contexte islamique –, mais aussi des chiens, « parce qu'ils aboyaient la nuit, lorsqu'il passait par les rues ou les routes ».

Dans sa frénésie d'ordonnancement et de contrôle absolu sur le temps lui-même, al-Hakim va jusqu'à trafiquer le calendrier. Comme le mois de rejeb de l'an 396 – 3 avril 1006 – débute un mercredi, jour réputé néfaste, il décide de remplacer celui-ci par un mardi ! Plus tard, autre paradoxe, il condamnera sévèrement toute spéculation astrologique… Il est exigé des personnes admises à saluer le Commandeur des croyants qu'elles se rangent du côté droit. Leurs requêtes doivent comporter un nombre impair de mots et de lignes.

Misogynie pathologique

En réalité, le délire du calife fou va surtout s'attacher aux questions de morale et de sexualité. Non seulement il fait fermer les tavernes et lieux de débauche, mais il oblige les clients des hammams à couvrir leur nudité d'un linge pudique. Musique et jeu d'échecs sont considérés comme des plaisirs honteux. Plus que tout, la vertu féminine excite ses alarmes. Al-Hakim décide d'abord que les représentantes du sexe faible ne pourront paraître en public le visage découvert, ni même suivre un convoi funèbre ou visiter les cimetières. Après 1011, elles n'auront plus le droit de sortir, passé la prière du soir et, trois ans plus tard, de quitter leur maison ! Pour être bien certain qu'aucune n'ira courir les rues, les cordonniers ont interdiction de leur confectionner des souliers.

Dans une recrudescence de cette misogynie pathologique, le souverain aggrave encore sa législation. Les femmes ne devront même plus regarder par leurs fenêtres, monter sur leurs terrasses ni se tenir sur leur seuil. Pour commercer avec elles, les marchands auront à utiliser une longue pelle, évitant ainsi le moindre contact physique. Certaines veuves, sans fils ni parents, mourront de faim, recluses dans leurs maisons. Un jour qu'il passe près d'un établissement de bains, al-Hakim entend des rires cristallins qui en sortent.

Il ordonne alors que les contrevenantes y soient emmurées vives.

Pour combattre le libertinage, le calife emploie comme espionnes de vieilles commères chargées de dénoncer les infractions. On assure qu'il lui arrive d'écouter lui-même aux portes afin de surprendre les secrets les plus inavouables. D'ailleurs, il n'exonère pas les femmes de son entourage dont il confisque les terres et les propriétés. Vers 1013, dans un élan d'ascétisme morbide, il renverra nombre de ses concubines. Yahya d'Antioche précise : « Bien plus, il en fit noyer quelques-unes dans des caisses, qu'il avait fait faire pour elles. Il fit clouer ces caisses, les fit alourdir au moyen de pierres et elles furent jetées dans le Nil. Mais la souveraine mère garda chez elle la mère du prince héritier, Abou Hassan Ali, craignant qu'il n'attentât à leur vie. Et tous les deux ne cessèrent pas de résider dans son palais, loin de lui, jusqu'à la disparition d'al-Hakim. »

Les défenseurs de ce personnage étrange et terrifiant s'évertuent à souligner certains traits positifs de son caractère contradictoire. Ainsi affranchira-t-il ses esclaves et distribuera-t-il aumônes et largesses avec une générosité parfois excessive. « Les richesses sont à Dieu, c'est lui qui les dispense, écrit-il à l'un de ses vizirs. Les hommes sont la famille de Dieu, et il est leur créateur. Il ne conviendrait pas qu'on écrivît de nous dans l'histoire que nous avons retranché ce que d'autres avaient donné. »

Sans doute était-ce un prince cultivé, féru de poésie arabe, protecteur des écrivains et des savants, qu'il couvre d'or, quand il ne leur fait pas couper les mains ou la langue… Au Caire, al-Hakim fonde la « maison de la Sagesse » – *Dar al Hikma* – ou « maison de la Connaissance », la première université musulmane, préfiguration de l'actuelle Al-Azhar. On y enseigne les sciences et les lettres, la philosophie, l'histoire, la médecine, la jurisprudence, mais sa finalité essentielle est la propagation de la doctrine ismaélite, la *dawa*, par le biais de la formation de *daïs* ou « missionnaires ». Car l'imam nourrit l'ambition de réaliser l'unité humaine autour de la foi chiite.

Persécution des chrétiens

Après avoir renoncé à une lutte frontale contre le sunnisme, il entreprendra, aux alentours de 1004 – l'an 400 de l'Hégire – une violente persécution des chrétiens. Puisque le Messie n'est pas revenu en gloire, dix siècles après sa Passion, comme l'espéraient ses adorateurs, ils doivent maintenant se soumettre. Mahomet l'aurait prédit : « Le prince qui à cette époque occupera ma place vous invitera de nouveau à embrasser ma religion. Si vous acquiescez, votre soumission vous sauvera. Mais si vous vous y refusez, il vous fera mourir sans recevoir de vous aucune excuse, il détruira votre religion, renversera votre loi, détruira vos temples et livrera vos livres au mépris. Il vous subjuguera et vous exterminera, vous et tous les mécréants, jusqu'à la racine. »

D'abord touchés par la répression générale, les non-musulmans sont astreints, dès 1004, à des mesures discriminatoires. Les chrétiens doivent porter des habits bleus, et les juifs, jaunes, retenus par une ceinture distinctive, ou *zunnar*. On obligera ensuite les premiers à arborer une lourde croix de bois, et les seconds une bûche en forme de veau – rappelant l'épisode biblique du Veau d'or –, puis une cloche. Quant aux femmes des deux religions, elles porteront une chaussure noire et l'autre rouge ! En outre, il est interdit aux chrétiens comme aux juifs de monter à cheval. Les selles de leurs ânes et mulets doivent être sans ornement, avec des étriers en sycomore et des rênes de cuir noir. Ils ne pourront voyager à bord de bateaux musulmans, ni acheter des esclaves. Dans le meilleur des cas, les transgresseurs seront passibles du bannissement.

Al-Hakim, qui n'hésite jamais à éliminer ses ministres indociles, va s'employer à convertir ses *katibin*, ses secrétaires chrétiens. Avec Abou Nédjah, il use vainement de flatteries et de promesses. Furieux de son obstination, il lui fait administrer mille coups de nerf de bœuf, jusqu'à ce que mort s'ensuive. Le corps d'un autre martyr, Fahd ibn Ibrahim, aurait brûlé durant trois jours, sans se consumer. D'autres enfin seront décapités, leurs restes abandonnés à la voirie. « Al-Hakim, déplore Yayha d'Antioche, recommença avec plus d'acharnement encore à décimer tous ses sujets et à mettre à mort les premiers personnages de son Empire, comme d'autres fonctionnaires et chefs militaires, ainsi que des soldats et des hommes du peuple, leur faisant couper les mains. Il dépassa toutes les bornes de la cruauté, c'est pourquoi son pays tomba dans le désordre. »

Le 28 septembre 1009, l'église du Saint-Sépulcre est rasée sur l'ordre d'al-Hakim, ainsi que les autres sanctuaires chrétiens de Jérusalem. Le patriarche Zacharie est livré aux bêtes féroces qui l'épargnent miraculeusement. Son confrère d'Alexandrie, Arsénios, est trucidé en secret. À travers toutes les provinces, les lieux de culte chrétiens – trente mille au total – sont ravagés, leurs biens et leurs trésors volés. « Il fit démolir l'église de Marie al-Kantara à Fostat, relate par exemple Yahya d'Antioche. Après l'avoir ruinée jusqu'aux fondements, il pilla les ustensiles et les décombres qui s'y trouvaient. Près de l'église, se trouvaient de nombreux tombeaux et sépultures des chrétiens, et les nègres, les esclaves et le bas peuple, après les avoir ouverts tous, exhumèrent les cadavres enterrés et jetèrent leurs ossements. Les chiens dévorèrent les chairs de ceux qui avaient été enterrés récemment. »

L'occultation

L'héritier d'Ali sombre de plus en plus dans la démence, et se détache des réalités quotidiennes. À partir de 1012, il exige que l'on cesse de se prosterner à ses pieds et de l'appeler « Seigneur » ou « Maître ». D'ailleurs, son cousin Abd al-Rahim ibn Ilyas, qu'il a désigné comme successeur présomptif, gère désormais les affaires de l'État. Pour sa part, al-Hakim s'abîme en méditation : il jeûne, s'abstient de toutes relations intimes, laisse pousser ses cheveux, ne se lave plus, porte des vêtements crasseux en laine noire. Il ne circule plus que monté sur un âne, semant l'or à pleines mains.

Il croit aussi atteindre Dieu en commettant à dessein le péché, suivant ses impulsions criminelles, par-delà le bien et le mal. Un vendredi, il s'arrête devant une mosquée, demande à son valet de s'allonger sur le sol, puis il l'éventre, extirpe ses viscères, s'en souille les mains, avant d'aller accomplir ses dévotions. En mars 1020, il fera incendier les vieux quartiers de Fostat et massacrer une partie de ses habitants, à la suite d'une légère offense, avant de se lamenter sur la tragédie dont il est l'auteur…

Déjà une fraction des ismaéliens, selon l'enseignement de deux prédicateurs exaltés – Hamza ibn Ali al Zawzani et Mohammed ben Ismaël al Darazi –, ne voient plus en leur imam un simple mortel, mais l'incarnation même du Créateur de l'Univers, Dieu sur terre, éternel et omnipotent. Al-Hakim, perdu dans les brumes de sa folie, se laisse sans doute convaincre de cette apothéose. Il néglige les commandements de l'islam orthodoxe et va jusqu'à autoriser les chrétiens convertis de force à apostasier.

Un monstre aussi insaisissable ne pouvait connaître une fin ordinaire. Aussi disparaît-il mystérieusement dans la nuit du 12 au 13 février 1021, lors d'une randonnée solitaire dans les collines désertiques du Mokattam, à l'ouest du Caire. Cinq jours plus tard, on retrouvera ses habits lacérés et ensanglantés. A-t-il été assassiné ? S'est-il retiré dans quelque monastère ?

De nos jours encore, pour les Druzes du Mont Liban et du Djebel Hauran, en Syrie, leur divin calife se serait seulement occulté. Il réapparaîtra au jour du Jugement. Leurs livres sacrés en attestent :

« Notre Seigneur sera adoré dans toutes les langues, on le reconnaîtra sous tous les noms et toutes les dénominations. Alors on criera à haute voix dans toutes les régions de la terre et en tout lieu : "À qui appartient le royaume aujourd'hui et en tout temps ?" et on répondra : "À Notre Seigneur Hakim, le victorieux, le puissant, le fort. Il est digne de louanges et au-dessus de toute description…" »

L'ASTRE BRILLANT DANS LES TÉNÈBRES

Par Nicolas Mietton

Andronic Comnène
(1120-1185)

Au milieu du XIIe siècle, l'Empire d'Orient vit dans l'euphorie, gouverné par la dynastie Comnène. La crise politique, économique, sociale et morale du siècle précédent a été jugulée. La monnaie restaurée, le commerce rouvert, Byzance concentre un tiers de la richesse du monde. Les arts connaissent une véritable renaissance. Aux frontières, les armées et la diplomatie impériales contiennent les peuples ennemis : les Turcs sur le plateau anatolien et les Normands de l'autre côté du détroit d'Otrante. Certes, les croisades ont inquiété, la première en 1096-1097, puis la deuxième en 1147-1148. Mais les hordes latines se sont finalement dissipées, telle une nuée de sauterelles. Cependant, comme quelques contemporains le remarquent lucidement, cette prospérité repose avant tout sur la cohésion du clan Comnène. Si la discorde s'installe, l'État s'effondre.

Une affaire de femmes

En 1150, l'étincelant Manuel Ier occupe le trône. Âgé de trente ans, l'empereur possède tous les dons. Beau, grand, athlétique, le teint hâlé, c'est un guerrier valeureux autant qu'intelligent. Son savoir est universel : chirurgien à ses heures, théologien hardi au point d'effrayer son clergé, Manuel éblouit. On l'a élevé avec son cousin germain, Andronic, qui lui ressemble étrangement, tant sur le plan physique que moral. Ils sont inséparables, comme des frères jumeaux. À l'avènement de Manuel, en 1143, Andronic a espéré recevoir les plus hautes charges. Celles-ci tardant à venir, il s'aigrit et se laisse aller à des remarques amères, relevées par les courtisans. Rien de grave, jusqu'à ce qu'une affaire de femmes gâche irrémédiablement la situation.

Connue sous le nom d'Irène, l'impératrice Berthe de Sulzbach est une digne Allemande, irréprochable, pratiquant la charité et ayant son utilité diplomatique. N'est-elle pas la belle-sœur de l'empereur germain Conrad III, qu'elle prédispose en faveur de Byzance ? Mais Berthe a deux défauts majeurs : elle n'a absolument aucune grâce et n'a donné qu'une fille à son époux, la porphyrogénète[1] Marie. Vite lassé, Manuel accumule donc les passades, jusqu'à jeter le mouchoir à sa nièce Théodora. Cette liaison incestueuse provoque un scandale, aggravé par les honneurs accordés à la jeune femme. Se croyant tout permis, Théodora se pavane à la cour. Mais qui s'opposerait à Manuel ?

Enhardi, le renard imite le lion : Andronic, malgré une épouse aimante, séduit Eudocie, la sœur de Théodora. La

1 « Née dans la pourpre », titre donné aux enfants d'empereur byzantin nés durant le règne de leur père.

mesure est à son comble et le protosébaste[2] Jean, frère des deux princesses, s'indigne. Andronic répond cyniquement que sa faute est moindre que celle de Manuel : ce dernier a séduit sa nièce, lui-même se contentant d'une cousine ! Pour ramener le calme dans la tribu Comnène, l'empereur expédie le trublion en Cilicie. Est-ce une disgrâce ? Oui et non. Quoi qu'en disent les mauvaises langues, cet éloignement s'apparente aussi à une mission de confiance. Il s'agit de rétablir l'autorité byzantine dans une région stratégique, peuplée d'Arméniens. Cependant, ulcéré par ce qu'il considère comme un exil, Andronic néglige sa tâche. Pire, il entame des tractations secrètes avec le sultan d'Iconium. Battu par les Arméniens, il doit regagner Constantinople, où son impérial cousin le réprimande, avant de l'envoyer à la frontière hongroise, pourvu du titre de duc de Belgrade. Andronic noue cette fois des relations avec le roi de Hongrie. Manuel l'apprend, le destitue et le convoque au camp de Pélagonia, en Macédoine.

Vie errante

Andronic y retrouve Eudocie et les deux amants reprennent leur aventure. Outrés, ses cousins l'accusent de comploter contre le *basileus* (empereur). Réalité ou

2 « Premier des vénérables », titre donné à de proches parents de l'empereur byzantin.

calomnie ? On ne sait trop. Ce qui est certain, en revanche, c'est qu'Andronic se montre insolent. Un jour, le voyant flatter l'encolure de son cheval, Manuel lui demande ce qu'il fait. « C'est pour m'enfuir d'ici, répond Andronic, après que j'aurai fait sauter la tête de mon pire ennemi. » Cet esclandre vaut à l'insolent d'être arrêté et enfermé, les fers aux pieds, dans une tour du Grand Palais, à Byzance.

Commencent alors neuf longues années de détention. En 1158, Andronic parvient à s'évader, en s'échappant par les égouts. Rattrapé et remis en prison, il s'évade à nouveau en 1164, dans des conditions rocambolesques. À lire les chroniqueurs de l'époque, tout y est : fausses clefs, cordes, grappins, complices dans une barque… Cette fois, Andronic réussit et gagne la mer Noire, puis le Dniestr. Là, plein de rancune, il commence à recruter des mercenaires pour envahir l'Empire.

Une guerre avec la Hongrie menaçant d'éclater, Manuel choisit néanmoins de lui pardonner. Andronic retourne donc à Constantinople, où les choses se répètent bientôt. Ses intrigues et ses écarts de langage lui valent une nouvelle disgrâce. Dès 1166, on l'éloigne en Cilicie. Loin d'y soumettre les dynastes arméniens, Andronic se pique de séduire Philippa, sœur de Marie d'Antioche, la nouvelle épouse de Manuel. Il déserte son commandement et gagne Antioche, où il fait sa cour à la princesse. Il a quarante-deux ans, elle vingt et un, mais son charme agit. Philippa succombe à ses avances quand il lui promet de l'épouser. Informé, Manuel entre dans une violente colère. Andronic quitte alors la Syrie et s'enfuit à Jérusalem. Il abandonne Philippa, mais n'oublie pas d'emporter avec lui le produit de l'impôt de Cilicie.

Les Francs l'accueillent à bras ouverts et le roi de Jérusalem, Amaury, lui octroie la ville de Beyrouth en fief. Cependant, il recommence vite ses frasques en séduisant, cette fois, la veuve de Baudoin III, Théodora Comnène, une autre de ses cousines ! Elle est à la fois la belle-sœur d'Amaury et une nièce de Manuel. Redoutant le courroux de ce dernier, qui ne désarme pas, les amants prennent la fuite. Ils gagnent Damas, puis Harran, où Théodora accouche d'un bâtard. Installés ensuite à Bagdad, auprès du calife abbasside, ils y filent le parfait amour. Comme le remarque l'historien Charles Diehl, dans ses *figures byzantines* : « Malgré l'incertitude de cette vie errante, malgré les disgrâces qui l'accablent, jamais Andronic, si inconstant d'ordinaire, ne songe à quitter Théodora. Sa liaison avec la reine de Jérusalem est vraiment la grande passion de sa vie. »

Cependant, Manuel les poursuit de sa vindicte. À travers l'Orient musulman, les amants mènent donc une existence aventureuse. Chassés de Mardin, puis d'Erzeroum, ils s'installent dans l'ancien thème de Chaldée – dans le nord-est de la Turquie actuelle –, à la frontière byzantine. Andronic y mène une existence de chevalier brigand, pillant le territoire impérial et vendant ses captifs chrétiens aux Turcs, ce qui lui vaut l'excommunication. Il aurait continué longtemps ses forfaits, sans la capture de Théodora et de ses enfants par le duc de Trébizonde.

Désespéré, Andronic implore son pardon à Manuel. Oubliant leur longue brouille, ce dernier y consent. La réconciliation des deux cousins se déroule devant toute la cour, au palais des Blachernes. La mise en scène est spectaculaire : étendu, la corde au cou, devant le trône du *basileus*, Andronic sollicite, en larmes, sa grâce. Gagné par l'émotion, Manuel la lui accorde. Toutefois, se méfiant de son turbulent parent, il l'assigne à résidence à Oinoé, en Paphlagonie. Là, Andronic semble s'assagir et se résigner à une vie sans histoires, loin de la capitale.

À Byzance justement, Manuel vieillit doucement, sans trop s'apercevoir que son étoile a pâli. L'horizon s'est pourtant assombri. En Asie Mineure, en 1176, le *basileus,* jusqu'alors invincible, a été battu à plate couture par le sultan seldjoukide. À Myriokephalon, un défilé montagneux de Haute-Phrygie, les Turcs taillent en pièces son armée. Heureusement, ils n'ont pas exploité leur avantage et la frontière reste intacte. En Occident, malgré l'acquisition de la Bosnie, les prétentions universelles de Manuel alimentent la brouille avec l'empereur germanique, tandis que les Normands demeurent à l'affût dans le sud de l'Italie.

Habile diplomate, dans la grande tradition byzantine, l'empereur choisit de prendre ses ennemis à revers. Allié à la papauté, malgré le schisme, il choisit comme gendre Rainier de Montferrat, issu d'une puissante famille lombarde hostile aux Allemands. Le prince italien épouse donc la porphyrogénète Marie et reçoit le titre de césar. Pour son fils, Alexis, le *basileus* demande la main d'Agnès de France, fille du roi Louis VII. La fillette a neuf ans, l'héritier du trône onze. Les noces se déroulent avec faste au printemps 1180.

Personne ne le sait encore, mais l'Empire romain d'Orient vit ses derniers beaux jours. À l'automne, Manuel s'alite. Croyant, sur la foi de ses astrologues, qu'il a encore quinze ans de vie devant lui, il néglige les prières de son entourage et les admonestations du patriarche. La perspective d'une régence inquiète pourtant tout le monde. Celle-ci doit échoir naturellement à l'impératrice et c'est là que le bât blesse. Marie d'Antioche a succédé en 1161 à l'insignifiante Berthe de Sulzbach. À trente-sept ans, elle est encore d'une beauté éblouissante, qui enthousiasme chroniqueurs et poètes. Ces derniers la comparent à Vénus et à Hélène de Troie. Cependant, aux yeux du peuple, elle a le tort d'être d'origine franque et de favoriser ses compatriotes. D'autre part, la naissance tardive de son fils, en 1169, a frustré la porphyrogénète de ses espoirs d'accéder au pouvoir. Une partie du clan Comnène soutient la princesse et le césar Rainier.

Manuel meurt sur ces entrefaites, le 24 septembre 1180. Commence alors la chute de la maison Comnène. Isolée, Marie d'Antioche commet l'erreur de choisir comme principal ministre un neveu de son défunt époux, le protosébaste Alexis. Jeune et beau, mais fat et insignifiant, il cherche l'appui des Latins, ce qui exaspère le peuple et l'Église. La rumeur l'accuse de vouloir épouser la régente et d'usurper le trône. Au printemps 1182, la situation explose. Se sentant encouragés, la porphyrogénète et le césar conspirent. Démasqués, ils se réfugient à Sainte-Sophie, où les soldats de l'impératrice tentent de les arrêter. Face à ce sacrilège, les habitants de Constantinople se soulèvent et le patriarche oblige la régente à leur pardonner. Pour se venger, le protosébaste exile le prélat. Nouvelle émeute et nouvelle reculade du pouvoir : le peuple ramène le patriarche en triomphe à Sainte-Sophie.

Chacun cherche un sauveur et tous les yeux se tournent vers Andronic… Informé des événements, officiellement appelé au secours par la porphyrogénète et le reste de la famille impériale, l'habile homme se fait prier. Bientôt, des prophéties circulent, lui promettant la couronne.

L'été venu, il jette enfin le masque. Protestant de sa fidélité à Alexis II, il marche sur Constantinople. Les troupes du Premier ministre, loin de le combattre, le rejoignent, suivies par la flotte. Parvenu à Chalcédoine, en face de Byzance, le rebelle exige la déchéance de la régente et du protosébaste. Arrêté, ce dernier est jeté dans une barque, conduit au pied d'Andronic qui ordonne de lui crever les yeux. Son triomphe déchaîne la haine accumulée depuis cent ans contre les Latins. Le peuple se rue dans leur quartier, saccageant et brûlant tout. La rancune des Byzantins n'épargne ni les femmes, ni les enfants, ni les malades des hôpitaux. Même les morts sont déterrés. Les rescapés fuient sur des navires italiens et, en représailles, massacrent les innocentes populations des îles grecques. Après ce bain de sang, Andronic entre en libérateur dans la ville, salué comme « l'astre radieux brillant dans les ténèbres ».

Un monstre

On a jusqu'ici parlé d'un prince, il faut maintenant évoquer un monstre. Un historien byzantin, haut fonctionnaire à la cour, Nicétas Choniatès, a été le chroniqueur désolé des nombreux crimes d'Andronic. Le premier soin de celui-ci est de se recueillir sur la tombe de Manuel, au monastère du Christ Pantocrator, la nécropole des Comnènes. Devant l'énorme sarcophage, il feint l'affliction. Cependant, on l'entend marmonner distinctement : « Te voilà donc, mon vieil ennemi. Je te tiens maintenant, toi qui m'as persécuté et fait errer dans le monde entier. Tu es enfermé dans une prison éternelle. Et moi je vais me venger sur ta race et je ferai payer à ta famille tout le mal que tu m'as fait. »

Impitoyable, il tient parole. La porphyrogénète et le césar disparaissent les premiers, empoisonnés par un eunuque dans le courant de l'été 1182. Puis vient le tour de l'ex-régente. D'abord reléguée dans la villa impériale du Philopation, Marie d'Antioche est bientôt enfermée dans un monastère. Effrayée, la malheureuse appelle à son secours son beau-frère, le roi de Hongrie. Sa correspondance tombe aux mains d'Andronic, qui trouve là le moyen de se débarrasser d'elle définitivement. Convaincue de haute trahison, Marie est étranglée dans son cachot par les âmes damnées d'Andronic : Étienne Hagiochristophoritès, Constantin Tripsychos et Théodore Dadibrenos. On ne sait ce qu'il advient de son corps, peut-être jeté à la mer. Partout dans Byzance, ses portraits et ses statues sont souillés ou détruits.

Alexis II a dû signer l'arrêt de mort de sa mère. Bientôt, Andronic est nommé co-empereur. Le patriarche considère le fils de Manuel comme perdu, et ne se trompe pas.

Officiellement déposé, Alexis est étranglé dans son lit. Ses bourreaux apportent sa tête à Andronic qui la pousse du pied, avec ces mots : « Ton père était un salaud, ta mère une putain et toi un imbécile. » Pour faire bonne mesure, il épouse la veuve de sa victime, la petite Anne de France, malgré leurs cinquante années de différence d'âge !

L'usurpation d'Andronic ouvre la boîte de Pandore. Chacun, dans la vaste tribu Comnène, se juge désormais digne du trône. Les complots se succèdent, réprimés avec férocité. Le cas d'Isaac Comnène, gouverneur de Chypre, est exemplaire. Comme ce cousin a fait sécession, le tyran se venge sur les membres de sa famille restés dans la capitale, en les faisant empaler. Paranoïaque, comme ivre de sang, il rappelle à ses sujets le cruel Justinien II, l'empereur fou au nez d'or. Comme jadis Tibère, il estime avoir perdu sa journée s'il n'a pas procédé à quelque exécution. Même son fils aîné n'est pas à l'abri de sa haine. Un jour qu'il adresse des reproches à son père, celui-ci manque de le faire tuer.

Fuyant la capitale, certains de ses cousins soulèvent les villes d'Asie Mineure, demeurées fidèles au souvenir de Manuel et d'Alexis II. La répression est terrible. Le long des routes, les arbres ploient sous le poids des pendus. Beaucoup trouvent refuge chez les Turcs, qui profitent du désordre pour reprendre leur avancée. Bientôt, la route d'Attalia, le grand port du sud, est coupée. Comme Chypre, la Cilicie est perdue. Dans les Balkans, le roi de Hongrie s'empare de la Dalmatie, tandis que les Serbes s'émancipent et que les Bulgares sont à la veille de se révolter. Partout, l'Empire part en lambeaux.

Pourtant, tout n'est pas mauvais dans l'administration d'Andronic. Il y a même quelque chose de génial en lui, de presque démoniaque. Ce monstre comprend parfaitement le danger mortel que les grands féodaux font courir à l'État. Rompant avec la tyrannie fiscale qui a permis de financer la politique de grandeur de Manuel, il se montre sincèrement soucieux du bien-être des classes moyennes et de la paysannerie. Nicétas le reconnaît : « Son nom seul suffit à mettre en fuite les collecteurs d'impôts prévaricateurs. »

« Il faut être juste, ou se résigner à périr », dit-il à ses fonctionnaires. Des historiens marxisants l'ont considéré comme un authentique révolutionnaire. Sans aller jusque-là, des chercheurs contemporains notent que la liquidation de la haute aristocratie lui permet de libérer des places pour ses fidèles. Cependant, comment réformer efficacement alors que la terreur et le chaos règnent partout ? Dès le début, les initiatives d'Andronic sont vouées à l'échec.

Après trois années de règne, à soixante-cinq ans, le monstre porte encore beau, malgré ses cheveux blancs. Arbitre des élégances, toujours vêtu avec recherche dans de longues tuniques pourpres et coiffé d'un bonnet pointu, caressant de la main sa longue barbe, il aime les femmes à la fureur. Et celles-ci le lui rendent bien, sensibles à son charme légendaire. À voix basse, les maris cocus l'accablent d'injures : « Boucher, chien altéré de sang, vieillard usé, fléau de l'humanité, débauché, Priape... » Lui s'en moque, poursuivant ses adversaires de son rire sardonique. Ne croyant ni à Dieu ni à diable, mais seulement dans les astres, il croit avoir encore de longues années devant lui.

L'heure du châtiment

Toutefois, l'heure du châtiment approche. En effet, le débarquement des Normands va hâter sa perte. Bientôt, les envahisseurs mettent à sac Thessalonique, la deuxième ville de l'Empire, pour venger le massacre de 1182. Dans Constantinople, la peur se répand. Sentant la situation lui échapper, Andronic prépare une gigantesque liste de proscriptions. En attendant, il décide de s'absenter dans l'une de ses résidences secondaires, avec sa jeune épouse et ses concubines.

Apprenant qu'un devin a prédit l'empire à Isaac Ange, un lointain cousin parfaitement inoffensif, Hagiochristophoritès décide de l'arrêter. Comprenant le sort qui l'attend, Isaac sabre le favori, saute sur son cheval et court à Sainte-Sophie. La foule s'amasse autour de la basilique et proclame empereur le fugitif. L'émeute devient révolution.

Alerté, Andronic revient en hâte, mais ne peut empêcher la prise du palais. Se débarrassant de son costume impérial, il s'enfuit vers la mer Noire, avec sa femme et ses belles amies. Rattrapé et chargé de chaînes, il est ramené à Byzance. Commence alors son calvaire. Précipité aux pieds d'Isaac Ange, il est ensuite livré à la fureur populaire. On lui casse les dents, on lui arrache les cheveux, on le roue de coups. La main droite tranchée, il est jeté dans un cachot, où il reste deux jours sans boire ni manger. Après quoi, éborgné, vêtu de haillons, tête nue sous un soleil implacable, il est juché sur un chameau galeux et promené dans les rues, sous les insultes de la canaille.

Dans son *Histoire*, Nicétas a raconté la fin épouvantable d'Andronic : « Les uns lui donnent des coups de bâton sur la tête. D'autres lui mettent du fumier sous les narines. D'autres encore lui badigeonnent la face avec des excréments. Certains lui jettent des pierres. Une prostituée, ayant pris dans une cuisine un vase plein d'eau bouillante, lui en lance le contenu au visage. » Parvenu à l'hippodrome, il est pendu par les pieds à un linteau. Stoïque, le misérable gémit parfois : « Mon Dieu ayez pitié de moi… Pourquoi vous acharnez-vous sur un roseau brisé ? »

Enfin, éventré, il rend l'âme et, dans une ultime convulsion, porte son moignon à sa bouche. À ce spectacle, le peuple raconte qu'il meurt comme il a vécu : avide de sang. Réduit en charpie, le cadavre est abandonné et ce n'est qu'après quelques jours qu'on l'enterre secrètement.

Ainsi disparaît le dernier empereur Comnène. Remarquable par certains aspects, terrible par beaucoup d'autres, il a voulu régénérer l'Empire d'Orient. Cependant, pour ses contemporains et la postérité, seul demeure le souvenir d'un fou : un clown grimaçant, nouveau Caligula, qui, tel un météore sanglant, a entraîné Byzance dans sa chute.

LE ROI TANT AIMÉ

Par Sophie Brouquet

Charles VI
(1368-1422)

Grand, beau avec ses cheveux blonds et son teint clair, le jeune Charles VI apparaît aux yeux de ses sujets comme un modèle de roi. Affable, bon vivant et très actif, il plaît aux Français. Ne dit-on pas par tout le royaume : « Nouveau roi, nouvelle loi, nouvelle joie » ?

Il est le fils de Charles V et de Jeanne de Bourbon qui montre des signes de maladie mentale dès 1373, lorsque le dauphin Charles a cinq ans. Elle perd la mémoire et le bon sens, mais elle finit par se rétablir, avant de mourir en 1378. Charles V disparaît à son tour en 1380 et son fils, encore mineur, est sacré le 4 novembre à Reims. Charles n'est pas encore apte à régner, aussi ses deux oncles, le duc de Bourgogne Philippe le Hardi, et celui de Berry, Jean, gouvernent-ils à sa place.

La France connaît alors une trêve au cœur de la guerre de Cent Ans. Sur son lit de mort, Charles V a supprimé les fouages, des impôts destinés à l'effort de guerre, mais les difficultés financières du royaume obligent à les rétablir en janvier 1382. Des émeutes antifiscales éclatent aussitôt dans tout le nord du pays. Très vite, le jeune roi est confronté aux difficultés du pouvoir et à la guerre. En effet, le comte de

Flandre, son vassal, doit faire face à la révolte de ses villes. Vaincu à Bruges le 3 mai 1382, il demande l'aide de son gendre Philippe le Hardi, qui n'a pas de mal à convaincre son neveu, élevé dans l'esprit de la chevalerie, de lever une armée pour combattre ses sujets révoltés. L'ost royal, qui compte 20 000 hommes, obtient sans combattre la soumission des Flamands, sauf la ville de Gand dont la milice est vaincue à Roosebeke le 27 novembre 1382. Vainqueur en Flandre, Charles VI soumet aussi les villes qui se sont révoltées contre l'impôt en France. Le 10 janvier 1383, il fait une entrée triomphale à Paris. Ces victoires suscitent l'admiration de son peuple et le respect de la noblesse. Le roi est devenu un homme et il est temps de le marier.

Philippe le Hardi imagine un double mariage : son fils aîné, Jean sans Peur, épousera la fille du duc de Bavière, Marguerite, et Charles VI sa sœur, Isabeau. Le roi veut faire un mariage d'amour et a exigé un portrait de sa future épouse dont il s'est épris avant même de l'avoir vue en chair et en os, tel un chevalier de la Table ronde. Leur mariage, célébré le 17 juillet 1385, s'accompagne de fêtes dans l'esprit de l'amour courtois. Le roi est marié, mais il ne règne toujours pas.

Le 28 octobre 1388, Charles VI, qui n'a pas encore 20 ans, fait son entrée dans le palais du Tau, à Reims, pour y tenir conseil. Il fait savoir à ses oncles, Bourgogne et Berry, qu'il a décidé de gouverner seul, les remerciant des peines et travaux qu'ils avaient eus de sa personne et des affaires du royaume. Le roi s'entoure des conseillers de son père, des administrateurs de renom, formés au droit romain, que les nobles appellent par dérision les « marmousets ». Le roi s'appuie sur ces hommes expérimentés pour réformer l'État, cependant il doit faire face à la fronde de certains féodaux, dont le duc de Bretagne.

En 1387, Jean IV de Montfort réunit sa noblesse à Vannes. Il s'agit d'un stratagème pour s'emparer de son ennemi mortel, Olivier de Clisson, grand seigneur breton, mais aussi connétable de France. Le 27 juin, Clisson est arrêté et le duc exige l'énorme rançon de 100 000 francs pour sa libération. Clisson fait appel au roi qui prend son parti. Délivré, le connétable est libéré et se rend à Paris. Le duc de Bretagne mûrit sa vengeance et le soir du jeudi 13 juin 1392, alors que Clisson rentre d'un dîner avec le roi, il est attaqué par des émissaires de Jean IV. Il est blessé mais réchappe à cet attentat.

La forêt du Mans

Charles VI, furieux, ordonne au duc de lui livrer les assaillants en échange de son pardon. Mais Jean IV prétend qu'il ignore tout de ce complot. Charles VI l'accuse de félonie et de crime de lèse-majesté pour avoir attenté à la personne du connétable, le chef des armées royales. C'est dans un état d'extrême agitation que le roi se rend à Saint-Denis pour y lever l'oriflamme. Il convoque l'ost au Mans pour le 24 juillet.

Le matin du 5 août 1392, l'armée royale s'avance sur la route d'Angers en direction de la Bretagne. Charles VI chevauche à sa tête, entouré de ses pages, de son frère Louis d'Orléans et de quelques grands seigneurs. Le roi part à la guerre, vêtu d'une cotte de fer, tenant par la bride son destrier. En dépit de sa forte stature et de sa jeunesse, Charles est fiévreux depuis quelque temps, mais n'en laisse rien paraître.

La troupe a déjà pénétré dans la forêt du Mans quand un vieillard hirsute, vêtu d'une cotte de bure blanche à moitié déchirée, se jette devant son cheval en s'écriant d'une voix terrible : « Noble Roi, ne va pas plus loin, car on te trahit. » On tente de le repousser, mais le fou s'accroche aux brides du cheval royal et continue à hurler ses sinistres mises en garde. À force de menaces et de coups du plat de l'épée sur ses mains, il finit par lâcher prise, mais il suit le cortège, hurlant ses imprécations qui ne laissent pas de troubler le roi. Peu à peu, les arbres se font moins denses et laissent la place à des champs sablonneux.

Quand vient le milieu de la journée, le soleil darde ses rayons sur les cavaliers. Les chapeaux d'acier et les cottes d'armes des soldats provoquent une réverbération aveuglante ; les chevaux sont à la peine et les hommes étouffent sous leurs armures, frappés d'engourdissement. Le roi s'est placé à l'écart de la troupe pour éviter les nuages de poussière qu'elle soulève. Tout à coup, un cavalier proche du roi, qui s'était assoupi, lâche sa lance au fer d'acier qui vient frapper le casque du même métal d'un page. Le choc des deux objets produit un bruit métallique qui alerte le roi. Pris de folie, se croyant cerné par des ennemis, Charles dégaine son épée, se rue sur le cavalier qui avait laissé tomber sa lance, et le tue. Puis, éperonnant son cheval, il s'élance contre ses compagnons, en s'écriant : « On veut me livrer à mes ennemis ! Avant, avant sur ces traîtres ! » Frappant de tous côtés avec la vigueur de ses vingt-quatre ans, il se lance à la poursuite de son frère Louis qui s'enfuit, épouvanté. Le duc de Bourgogne, alerté par l'agitation des chevaux et les cris des pages, ordonne à Louis de partir le plus loin possible car le roi veut le tuer. « Fuyez, beau neveu d'Orléans, fuyez. Monseigneur vous veut occire ! »

C'est la panique générale, les cavaliers se bousculent et se laissent tomber à terre pour ne pas être frappés par le roi. D'autres cherchent à s'interposer tout en prenant garde de ne pas le blesser ou qu'il ne se mutile lui-même. Seul Philippe le Hardi semble prendre la mesure de la situation et s'écrie : « Haro ! Le grand malheur ! Monseigneur est totalement insensé ! Pour Dieu, courez après ! Qu'on le prenne ! » À ces mots, les chevaliers et les écuyers se ressaisissent et forment un cercle autour de Charles VI qui continue à se démener. Peu à peu, le roi s'épuise en vains efforts, ne trouvant plus de résistance. Alors Guillaume Martel, son chambellan, s'approche de lui par-derrière, le prend dans ses bras, et lui enlève doucement son arme. Charles se laisse faire. Mutique, égaré, il ne reconnaît plus personne. Finalement, voyant que le roi est incapable de parler et ne tient pas debout, les ducs de Bourgogne et de Berry décident de le faire étendre sur un chariot et de le ramener au Mans.

Le soir, Philippe le Hardi fait venir des médecins et leur demande d'examiner son neveu. Le lendemain, les ducs de Berry et de Bourgogne viennent s'enquérir de l'état du malade qu'ils trouvent muet et qui ne les reconnaît pas. Tous redoutent une mort prochaine. Charles reste deux jours sans connaissance, privé de l'usage de ses membres. Les médecins ne sont guère optimistes sur ses chances de survie. Interrogés sur cette étrange maladie, les hommes de science sont bien incapables d'en expliquer la nature et de préconiser quelque remède. Ils soulignent que, depuis le printemps, le roi a montré des signes de démence, tenant des propos insensés et faisant des gestes tout à fait indignes de sa majesté.

Pour les nobles qui l'entourent, mais aussi pour le peuple qui apprend avec stupeur la maladie du roi, il ne fait aucun doute que Charles VI a été empoisonné ou ensorcelé. Les plus grandes sommités médicales de l'époque sont invitées à son chevet. Pour eux, le roi a été saisi de frénésie, due à un excès de bile jaune, puis d'un épisode de mélancolie, provoqué par un trop-plein de bile noire, le laissant inerte. Ces mots sont trop vagues pour permettre aujourd'hui de diagnostiquer une maladie précise, bien que les historiens de la médecine s'y soient essayés depuis le début du XXe siècle. Auguste Brachet évoque en 1904 une psychose, Richard Famiglietti suggère une forme de schizophrénie en 1986, depuis d'autres médecins ont mis en avant une psychose maniaco-dépressive, comme Idelette de Bures en 1999.

Mais le roi n'est pas un simple dément ; sa folie est aussi une maladie politique. Ses ennemis apprennent très vite sa situation et le royaume ne peut rester sans tête. Charles a un seul frère, âgé de deux ans de moins que lui, Louis d'Orléans. Très intelligent, habile, il est attiré par l'occultisme et la magie. Il inquiète les courtisans et ses oncles qui l'écartent du gouvernement sous le prétexte qu'il est trop jeune. Les ducs de Berry et de Bourgogne s'empressent de récupérer le pouvoir dont le roi les avait privés trois ans auparavant. Ils décident d'annuler l'expédition contre le duc de Bretagne et de rentrer à Paris pour y réunir le conseil afin de régler le problème du gouvernement et le sort du roi. Quant à la reine Isabeau, elle est enceinte ; on ne lui dit rien pour ne pas l'éprouver.

Charles est désormais isolé en son château de Creil, entouré d'hommes de confiance. Huit jours après sa crise de folie furieuse, le 13 août, il recouvre ses esprits, se confesse et communie. C'est alors qu'un grand seigneur, Enguerrand de Coucy, suggère de faire appel à un éminent médecin de Laon, Guillaume de Harcigny. Ayant appris la nouvelle, le médecin n'a aucun doute : cette maladie lui vient de sa mère Jeanne, qui avait donné en son temps des signes de démence évidents. Il s'installe auprès du roi à Creil, déclarant que sa maladie est curable. Peu à peu, il rétablit la santé du roi. Charles reconnaît son entourage. À l'automne, il commence même à chevaucher et à chasser. Il demande à voir la reine et le dauphin, et rentre à Paris où il reprend sa vie de danses, de jeux et de festins.

Le 28 janvier 1393, à l'occasion du mariage de l'une de ses amies, Isabeau de Bavière organise un bal masqué pour distraire son royal époux. Charles VI et cinq seigneurs se déguisent en sauvages hirsutes et s'enduisent le corps d'étoupe et de poix pour y coller des plumes et de la paille. Les six hommes s'attachent par une corde et s'élancent en une danse désordonnée. Amusé, Louis d'Orléans s'approche d'eux avec une torche pour tenter de reconnaître ses amis sous leurs déguisements, mais une flamme met le feu au costume de l'un d'eux et les autres ne peuvent pas s'échapper car ils sont attachés. Dans la confusion la plus totale, la duchesse de Berry a le réflexe d'envelopper le roi dans sa longue robe pour étouffer les flammes. Mais quatre des danseurs brûlent vifs. Cet événement dramatique porte gravement atteinte à la santé mentale du roi. En juin 1393, il rechute pour une longue crise de démence qui ne se termine qu'à la fin du mois de janvier 1394, et sera suivie de bien d'autres !

Les seuls secours ne peuvent plus venir que de Dieu. La cour invoque les saints guérisseurs des fous comme saint Achaire d'Aspre en Hainaut, auquel elle offre un *ex-voto* en cire de la taille et à la ressemblance du roi, et un très grand cierge. Elle prie aussi saint Hermer de Rouais qui « guérit toute frénésie ». Mais rien n'y fait. Dieu et ses saints semblent avoir déserté l'infortuné roi de France. Les crises se succèdent jusqu'à la mort de Charles VI, le 21 octobre 1422, à l'âge de cinquante-trois ans. Elles débutent toujours par un accès de folie furieuse : le roi fait des gestes étranges et profère des paroles déplacées, brise la vaisselle, envoie valser les chaises, déchire manteau, draps et courtines de son lit. Aussi son entourage prend-il soin de l'enfermer, et de l'écarter de sa femme et de ses enfants. Puis, il se calme et tombe dans l'inconscience, le mutisme et l'absence. Il se fait même appeler Georges, le saint patron de l'armée anglaise, un comble pour le roi de France en pleine guerre de Cent Ans !

Quand il recouvre ses esprits, ses proches lui racontent tout ce qui s'est passé et la vie reprend son cours en famille. Charles va à Saint-Denis pour y rendre grâce à Dieu et fait son métier de roi. Il préside les conseils, reçoit les ambassades et tient sa place dans la vie de cour, dansant, chassant et jouant sans modération. Mais plus le temps passe et plus la succession de ces crises se fait rapide, si bien qu'il devient difficile de distinguer ses périodes de lucidité et de folie.

Malheur à la nation dont le roi est fou !

Charles VI règne sur le royaume le plus peuplé, le plus riche et le plus puissant d'Occident. En dépit des débuts catastrophiques de la guerre de Cent Ans, son père Charles V, aidé de ses connétables Bertrand Du Guesclin et Olivier de Clisson, a rétabli la souveraineté royale et reconquis une grande partie des terres perdues au profit des Anglais.

Princes, seigneurs et simples manants, tous ont conscience que la maladie du roi expose le royaume à de grands dangers.

Si les ducs gouvernent, ils n'ont pas l'aura du souverain sacré, élu de Dieu et empereur en son royaume. Par ailleurs, les régents sont confrontés à de grandes difficultés et ne se montrent pas toujours à la hauteur, privilégiant leurs propres intérêts.

Très vite, des tensions s'élèvent au sein de la famille royale entre les ducs de Berry et de Bourgogne et leur neveu Louis d'Orléans qui s'estime lésé et réclame sa place au sein du gouvernement. Si Philippe le Hardi parvient à contenir ses propres ambitions, après sa mort le 26 avril 1404, Louis, âgé de 32 ans, est impatient de s'emparer du pouvoir. Il impose au conseil royal sa personnalité ambitieuse et maladroite, rigide et trop personnelle, et entre en conflit avec le nouveau duc de Bourgogne, Jean sans Peur, son cousin. La division qui règne au plus haut niveau de l'État capétien rend le gouvernement inefficace au moment même où la menace anglaise est bien présente. En l'absence de l'arbitrage royal, le conflit entre le duc d'Orléans et le duc de Bourgogne divise la cour et se termine par l'assassinat de Louis le 20 novembre 1407, revendiqué et justifié par Jean sans Peur sous le prétexte du tyrannicide. Selon lui, le duc d'Orléans aurait comploté pour s'emparer du trône et en chasser le roi et le dauphin à son profit. Le meurtre du duc d'Orléans engendre une guerre civile connue dans l'histoire de France sous le nom du conflit entre les Armagnacs et les Bourguignons. Le comte d'Armagnac, beau-père du jeune duc Charles, est le chef du parti d'Orléans. Alors qu'en Angleterre, l'avènement du roi Henri V s'accompagne des préparatifs d'un débarquement de l'armée anglaise en Normandie, suivi de la victoire écrasante des archers anglais sur les chevaliers français à Azincourt le 25 octobre 1415, les deux partis français se déchirent sans que le roi insensé ne puisse rien faire.

Le 10 septembre 1419, tandis que les troupes d'Henri V se rapprochent dangereusement de Paris, le dauphin Charles, accompagné d'une troupe d'Armagnacs, assassine le duc Jean sans Peur sur le pont de Montereau, vengeant le meurtre de Louis d'Orléans. Le nouveau duc de Bourgogne, Philippe le Bon, riposte en s'alliant aux Anglais et à la reine Isabeau de Bavière pour conclure, avec Henri V, le « honteux traité de Troyes » du 21 mai 1420. Le roi fou y appose son sceau, acceptant de déshériter son propre fils, le dauphin Charles, et de reconnaître le roi d'Angleterre comme son successeur au trône de France !

Au terme de sa folie, Charles VI a ruiné son royaume et les promesses de sa jeunesse. Il meurt dans Paris, occupé par les Anglais le 21 octobre 1422. Pourtant, tout autant insensé qu'il l'était, il n'a jamais cessé d'être roi.

Un peuple et son roi

On peut s'interroger sur la fidélité du peuple et de la noblesse à son roi, alors que, dans d'autres pays, en particulier l'Angleterre, Richard II a été détrôné et assassiné en 1400 par ses opposants. Il n'en a jamais été question en France. Charles est roi, sacré et légitime. Certes, les théoriciens du droit se sont penchés sur de tels cas d'incapacité. Leurs références viennent de la Bible et de la philosophie antique en la personne d'Aristote. L'Ecclésiaste (10, 3) dit que « le roi insensé perdra son peuple », une idée partagée par Aristote dans ses *Politiques*, traduites à la demande de Charles V par Nicole Oresme, en 1370 : « Un roy fol met son peuple en perdicion. » Deux phrases qui semblent prémonitoires.

Les Français sont bien conscients du danger que la folie de Charles VI fait courir au royaume. Des rumeurs de déposition se propagent en 1396. Mais Charles VI reste sur son trône pour l'un des plus longs règnes du Moyen Âge et mène son royaume à la ruine. Alors pourquoi cette exception française ?

Le roi de France jouit d'une aura mystique qu'aucun autre prince de son temps ne possède. Sacré, thaumaturge, descendant de saint Louis, il fait l'objet d'une véritable religion royale. Tantôt saint, tantôt souffrant le martyre comme l'infortuné Charles VI, il bénéficie de l'amour inconditionnel de ses sujets jusqu'à sa mort, comme en témoignent les manifestations de détresse populaire observées par les chroniqueurs à l'occasion de ses funérailles. Cet amour désespéré du peuple de France pour son roi l'a conduit à la ruine, mais la royauté française a survécu, ce qui témoigne de la solidité de la monarchie capétienne en cette fin de Moyen Âge. Quelques décennies après sa mort, Charles VI deviendra sous la plume des chroniqueurs, comme le religieux de Saint-Denis, et pour la postérité, Charles le Bien-Aimé.

LA REINE SÉQUESTRÉE

Par Claude Quétel

OH, MAIS LE DEVOIR ROYAL M'APPELLE !
À TRÈS BIENTÔT, MA REINE !

Jeanne la Folle
(1479-1555)

Lorsque commence, en Espagne, le mois d'octobre 1497, Isabelle de Castille et Ferdinand d'Aragon, auxquels le pape a conféré le titre de « Rois catholiques », sont au faîte de leur gloire. Ils ont dompté la noblesse, chassé les Maures de Grenade en achevant ainsi la *Reconquista*, ouvert au-delà des océans un monde nouveau à leur conquête. L'avenir de leur dynastie paraît assuré, avec un fils et quatre filles. Isabelle, l'aînée, a 27 ans et va épouser l'infant du Portugal. Jean (Juan), le puîné, est en route pour son propre mariage. Prince héritier âgé de 19 ans, il porte tous les espoirs d'une réunion des deux couronnes de Castille et d'Aragon. Les Rois catholiques viennent de le marier à Marguerite de Habsbourg, fille de l'empereur Maximilien.

L'avenir paraît radieux lorsque, le 4 octobre 1497, sur le chemin qui le mène au Portugal, le prince Jean décède brusquement. Sa santé était très fragile, au terme d'une enfance souffreteuse, marquée par un bégaiement et un léger déficit intellectuel. Le terrible poids des mariages princiers consanguins y était pour quelque chose. Dès l'annonce de sa mort, une explication s'installe, quasi officielle : le jeune homme, à la complexion débile, s'est écroulé dans les bras de sa jeune épouse. Pourquoi pas ?

La reine Isabelle ne se remettra jamais de la perte de son fils bien-aimé et pourtant ce n'est là que le début d'une sombre succession. Un enfant posthume du prince Jean meurt à peine né. Isabelle du Portugal décède l'année suivante, à 28 ans. Tous les espoirs se reportent sur son fils Miguel, devenu l'héritier des trois couronnes de Portugal, de Castille et d'Aragon. Et voilà qu'il meurt à son tour, en 1500, à l'âge de 22 mois. C'est maintenant – et contre toute attente – sur la princesse Jeanne, le troisième enfant des Rois catholiques, que repose l'avenir de la dynastie.

Juana est alors âgée de 21 ans. Un an avant le mariage de son frère Juan, ses parents l'ont unie à Philippe de Habsbourg, le frère de Marguerite, dans une nouvelle politique d'alliance de revers contre la France. Une flotte magnifique a emmené l'infante aux Pays-Bas pour son mariage, tout aussi fastueux. Elle avait alors 18 ans et n'avait jamais rencontré auparavant celui qu'on va bientôt nommer Philippe le Beau. C'est de haute politique qu'il s'agit et pourtant le miracle s'est produit : elle est tombée éperdument amoureuse de son fringant époux, au demeurant le premier homme qu'elle aura connu au sortir du couvent.

L'exilée

D'une beauté peut-être un peu austère, Jeanne ne manque ni d'intelligence ni d'éducation. Elle parle latin et français, aime la musique et joue de plusieurs instruments, notamment la guitare et le clavicorde – l'ancêtre du piano. Il semble toutefois que la vie du couvent et le poids écrasant de la religion, de la prière et des offices incessants aient assombri son caractère et accentué une nature mélancolique. En outre, la princesse ne marque aucun goût pour la vie de cour, pour la politique, et moins encore pour le pouvoir. Or son époux est le contraire de tout cela. Ce petit-fils de Charles le Téméraire aime la chasse, les banquets, les bals, les tournois… et les femmes en général. Archiduc d'Autriche, il entend par ailleurs gouverner par lui-même les Pays-Bas, se déplaçant sans cesse d'une ville à l'autre.

Ainsi se révèle, dès le premier mois de leur mariage, une totale incompatibilité d'esprit entre les deux jeunes époux. Elle le voudrait tout à elle et il est toujours par monts et par vaux, continuant en fait à mener une vie de célibataire avec ses compagnons et conseillers, et ne retrouvant guère Jeanne que pour lui faire des enfants, en passant. Une fille, Éléonore, naît à Bruxelles le 16 novembre 1498, suivie d'un garçon, Charles, qui voit le jour à Gand le 24 février 1500. Quatre suivront : Isabelle en 1501, Ferdinand en 1503,

Marie en 1505, Catherine en 1507 – tous futurs souverains et souveraines : ainsi, Charles deviendra Charles Quint.

Mais ce ne sont pas seulement ses perpétuelles grossesses qui isolent Jeanne. Elle ne parle pas flamand et partage la prévention des Espagnols à l'encontre de ce peuple considéré comme grossier, porté sur la bonne chère et la boisson. Leur proximité entre les femmes et les hommes choque tout particulièrement son éducation castillane. Alors, que dire lorsqu'il s'agit de toutes ces jeunes et jolies suivantes qui ondoient autour du beau Philippe !

Jeanne fait figure d'exilée dans sa propre maison, à Bruxelles. Elle dépend entièrement du trésorier de son mari qui mesure durement ses dépenses, pourtant modestes. On fait preuve de vexations à l'encontre du peu de personnel espagnol qu'elle a pu conserver et, de toute façon, ses suivantes sont acquises corps et âme à son beau mari. Elle ne peut se confier à personne et sa solitude devient pire qu'au couvent. Son caractère mélancolique devient mélancolie tout court.

La reine Isabelle a eu vent de tout cela par ses ambassadeurs. Elle a cru arranger les choses en dépêchant à sa fille, en août 1498, un dominicain qui s'est aussitôt préoccupé de ses sentiments chrétiens. Reçu plus que fraîchement, celui-ci adresse à la reine des rapports alarmants. Juana paraît rebelle aux secours de la religion et peu encline à la résignation chrétienne. Elle se plaint d'être délaissée et accuse son époux d'infidélités.

D'autres rapports achèvent d'inquiéter Isabelle. La frustration et la triste vie de sa fille sont une chose, mais ses scènes de jalousie en public en sont une autre. Or, celles-ci se multiplient au point de faire dire à un chroniqueur du temps que Jeanne « se conduisait comme femme désespérée et toute pleine de jalousie qu'on ne lui pouvait éteindre ». Un autre parle de « rage d'amour ». On raconte que Doña Juana a agressé une servante qui faisait du charme au bel infidèle. Elle se serait jetée sur elle, de grands ciseaux à la main, et lui aurait tailladé ses longs cheveux blonds, non sans la blesser et faire couler du sang. À la suite de tels esclandres, Jeanne se cloître des semaines entières en état de prostration. Pour Philippe, il n'y a plus de doute : Doña Juana devient folle. Peu lui importe que le chagrin et les humiliations qu'il lui inflige en soient la cause. D'ailleurs, loin de l'accuser, on le plaint.

Scènes de cauchemar

Depuis la mort de l'infant Juan, Philippe le Beau et Doña Juana sont pressés par les Rois catholiques de se rendre en Espagne afin d'y être reconnus comme héritiers devant les *Cortès* de Castille et d'Aragon. Philippe se fait beaucoup prier mais, après bien des tractations et des discussions, le très long voyage par terre a lieu, du 3 novembre 1501 au 7 mai 1502, à travers la France, émaillé de réceptions magnifiques au cours desquelles Jeanne n'apparaît guère.

Les princes héritiers prêtent serment le 22 mai 1502 à Tolède devant les *Cortès* de Castille et le 27 octobre à Saragosse devant celles d'Aragon. Philippe, qui ne se plaît pas en Espagne, ne songe plus qu'à rejoindre son pays. Il laisse derrière lui son épouse, de nouveau enceinte et plus morne que jamais. Fernando naît le 10 mars 1503 à Alcala de Henares, non loin de Madrid, et Juana, qui a très mal vécu le départ de Philippe, veut le rejoindre à peine relevée de couches. Sa mère s'y oppose, affectueusement d'abord, puis fermement. Se considérant séquestrée, Juana pique de terribles crises de colère et tente même de s'échapper. Rattrapée, elle refuse de réintégrer ses appartements pendant plusieurs jours.

La reine Isabelle ne veut voir là que la confirmation des rumeurs de folie visant sa fille qui, en tout cas, n'est pas une reine en puissance. Sentant sa fin approcher, elle stipule dans son testament que si sa fille, « du fait de son absence de Castille au moment de sa mort, ou si elle ne pouvait ou ne voulait pas prendre la direction des affaires, son mari, le roi Ferdinand d'Aragon, règne, gouverne et administre la Castille au nom de la princesse, sa fille, afin d'éviter au pays les discordes et dissensions qui ne manqueraient pas de s'élever». Pour être alambiquée, la formule est suffisamment claire pour que Ferdinand, à la mort de son épouse qui survient le 26 novembre 1504, s'empare du pouvoir en déclarant aux grands du royaume «qu'il a ôté la couronne de Castille de sa tête pour la placer sur celle de sa fille mais qu'il continuera de gouverner comme lieutenant et régent à vie». Toutefois les *Cortès* de Castille, tout en constatant la *enfermadad* («maladie») de Juana, refusent de déclarer son incapacité. Elle reste *de jure* la nouvelle reine.

Tandis que Jeanne, retournée à Bruxelles, est plus confinée que jamais dans ses appartements – sa porte même étant gardée –, un petit jeu d'intrigues s'installe entre Ferdinand d'Aragon et Philippe le Beau qui a pris le titre de «roi de Castille, de León et de Grenade». Il lui reste à se faire reconnaître par les *Cortès* dont les députés lui sont favorables, non par sympathie pour ce «Flamand», mais parce qu'il représente les intérêts de Jeanne, l'héritière du trône par le sang.

Le nouveau voyage vers l'Espagne, entrepris cette fois par mer, et qui commence le 7 janvier 1506, est retardé par une terrible tempête qui jette quasiment à la côte anglaise l'imposante flotte de quarante navires. L'escale imposée se transforme en deux mois de fêtes et de banquets à la cour du roi Henri VII qui voit là l'occasion d'affermir son alliance avec l'Espagne et la Flandre. Quant à Jeanne, même si c'est pour elle l'occasion de revoir sa jeune sœur Catherine d'Aragon, pour lors veuve du prince de Galles – et bientôt épouse d'Henri VIII –, elle est invisible, sombrement repliée sur ses pensées.

On arrive enfin à La Corogne le 26 avril. Une première entrevue a lieu le 20 juin entre Ferdinand et Philippe, l'un et l'autre s'accordant au moins à exclure totalement Jeanne, ne fût-ce que d'une simple figuration. Ce n'est pas tout à fait ainsi que l'entendent les *Cortès* qui se réunissent les mois suivants. De nouveau, le couple royal n'est pas dissocié car l'on se refuse à déclarer la reine Jeanne « incapable » au sens juridique du terme. On soupçonne Philippe d'invoquer la folie pour mieux écarter son épouse du pouvoir, et de toute façon, on préfère une Castillane à un « Allemand ». Bref, celle qu'on commence à appeler « *Juana la Loca* » reste reine.

Les souverains entrent à Burgos le 7 septembre. Comme à son habitude, Philippe oublie ses soucis politiques et se livre à ses distractions favorites, entouré de ses joyeux compagnons. Une dizaine de jours après son arrivée, au sortir d'un festin auquel il a fait honneur, il se lance dans une partie de paume effrénée. Philippe excelle à ce sport, l'ancêtre direct du tennis, et il se dépense sans compter. Couvert de sueur, il prend froid. Le soir, il est saisi de frissons et la fièvre s'empare de lui au cours de la nuit. Au lieu de rester au lit, il passe le lendemain à la chasse mais son état s'aggrave brusquement, avec une vive douleur au côté et des vomissements de sang. Les médecins multiplient saignées et purgations ; son état est bientôt jugé désespéré. Le 25 septembre, il rend le dernier soupir, dans sa vingt-neuvième année.

Sans cesse, son épouse a été à ses côtés, lui prodiguant tous les soins avec la plus grande douceur, le veillant jour et nuit en dépit de la fatigue que lui occasionne une nouvelle grossesse. N'est-il pas maintenant tout à elle ? Prêtres et médecins présents témoignent de cette étonnante maîtrise de soi qui cadre mal avec une réputation de folie. Ils s'étonnent en revanche que, le voyant mort, Juana ne pleure ni ne crie. Peut-être est-elle au-delà des larmes ? Elle a tant pleuré au cours de ces années. Ou bien est-elle réfugiée dans sa folie au point de ne pas voir son bien-aimé mort ?

Le corps de Philippe le Beau est exposé avant d'être embaumé. Organes, intestins et cerveau ont été retirés. Le cœur a été déposé dans une urne qui a été scellée. Le corps a été rempli d'aromates puis entouré de bandelettes de lin imprégnées de cire, avant d'être déposé dans un double cercueil de plomb et de bois qu'on a installé provisoirement à la chartreuse de Miraflores, près de Burgos, en attendant son inhumation définitive à Grenade.

Le jour de la Toussaint, la reine se rend à la chartreuse, assiste à l'office des morts et, suivie de l'évêque de Burgos, pénètre dans la crypte où repose le corps de Philippe. Elle exige qu'on ouvre le cercueil. Sans parler ni manifester d'émotion, elle examine longuement la dépouille. Cette scène macabre est aussitôt imputée à sa folie mais les contemporains qui s'obstinent à nier celle-ci diront que c'était pour s'assurer que les Flamands n'avaient pas emporté le corps au Pays-Bas.

Plus personne ne va douter de la folie de Jeanne lorsqu'aux approches de Noël, elle fait venir l'archevêque de Tolède pour lui annoncer qu'elle va quitter Burgos et convoyer elle-même le cercueil de son époux jusqu'à Grenade. Protestations et supplications n'y font rien. Le cercueil est de nouveau ouvert avant qu'un sinistre cortège qui ne voyagera que de nuit se mette en route. En tête vient le cercueil, suivi de près par une litière transportant Juana en grand deuil et pratiquement au terme de sa grossesse. Pendant le jour, la bière est exposée dans l'église se trouvant la plus proche. Aucune femme ne peut s'en approcher. Et puis, le soir venu, on repart. Ces scènes de cauchemar vont être par la suite embellies à souhait, montrant *Juana la Loca* se faisant ouvrir chaque nuit, à la lumière vacillante des torches, le cercueil de son mari, enlevant les bandelettes de son corps pour baiser ses pieds. Un tableau saisissant de

Francisco Pradilla, peint en 1877, achèvera de fixer *Doña Juana la Loca* dans l'histoire espagnole.

L'enfermée

Cet épisode, furieusement gothique et propre à frapper les imaginations, demeure énigmatique. Il peut paraître étonnant, en effet, que la si peu reine, démunie de tout et n'ayant autorité sur personne, ait pu imposer une telle équipée. On a avancé que l'Aragonais Mosen Luis Ferrer, chargé de sa personne, avait organisé tout cela pour donner une preuve éclatante de sa folie et justifier ainsi son enfermement, servant ainsi les intérêts de Ferdinand, avide de reprendre les rênes du pouvoir en Castille.

La suite de l'équipée funèbre va dans ce sens. Le 14 janvier 1507, au cours de sa pérégrination, sur fond d'épidémie de peste et de bruits de guerre, la reine accouche de son sixième enfant, une fille qui reçoit le prénom de sa tante : Catalina (Catherine). À l'étape suivante, il y a la petite ville de Tordesillas, bien loin encore de Grenade. Un traité fameux y a été signé en 1494, qui a mis fin à la guerre de succession entre le Portugal et la Castille, et organisé leurs droits de conquête respectifs outre-Atlantique. C'est là que s'arrête le terrible voyage. Ferdinand, qui a revu sa fille dans un état de grand délabrement physique et mental, la fait enfermer là, à l'automne 1509, tandis que le cercueil de Philippe est déposé au monastère tout proche de Santa Clara.

Ce qu'on appelle pompeusement « le palais » est un bâtiment grossier, sommairement meublé. Au rez-de-chaussée, une grande salle avec vue sur le Duero qui baigne la cité. Juana est confinée dans une petite pièce attenante, dépourvue de fenêtre, où une lampe brûle nuit et jour. Ferrer se vantera d'avoir introduit à Tordesillas les règles de silence et de clôture d'un monastère.

Un cercle vicieux s'installe, la reine prostrée refusant de quitter son lit, de s'habiller, de se coiffer, de s'alimenter et même d'entendre la messe. Tout cela ne fait que renforcer les mesures d'isolement qui, à leur tour, aggravent son état. Bien entendu, toute visite est interdite. Peut-on pour autant parler de démence au sens fort du terme ? On a laissé à Juana sa fille Catherine – ce qui ne va pas dans ce sens.

Les années passent. Ferdinand décède le 25 janvier 1516. Toujours reine de Castille, Juana devient reine d'Aragon mais « le gouvernement et l'administration générale du royaume » sont confiés à son fils Charles, 16 ans, émancipé depuis un an. Moins de deux mois seulement après les obsèques, Charles décide de signer les actes avec le titre de roi sous la dénomination suivante : « Doña Juana et

Don Carlos son fils, Reine et Roi de Castille, de León, d'Aragon ».

Ce véritable coup d'État suscite le mécontentement en Espagne. Celui qui s'est fait unilatéralement proclamer à Bruxelles « roi des Espagnes » a tout intérêt à rejoindre la terre ibérique sans tarder. Il débarque dans les Asturies le 18 septembre 1517, en compagnie de sa sœur aînée Éléonore. En mars 1518, il est devant les *Cortès* de Castille pour y recevoir le serment d'allégeance mais il ne parle pas castillan et multiplie les maladresses, à commencer par celle d'être venu avec une trop nombreuse suite de Flamands. Il part pour l'Aragon et ne se décide à rendre visite à sa mère qu'après six mois de présence en Espagne. On n'a pas voulu, ou pas pu, sortir de son réduit obscur celle qui malgré tout reste la reine. Charles, après plusieurs révérences, s'adresse à elle en français : « Madame, vos enfants très obéissants se réjouissent de vous trouver en bonne santé et vous prient de recevoir l'hommage de leur très humble soumission. » Jeanne n'a pas revu ses deux enfants aînés depuis douze ans mais, si l'on en croit le témoignage du valet de chambre Laurent Vital, elle aurait répondu : « Mais êtes-vous mes enfants ? » Et puis, après un temps de silence : « Et que vous êtes en peu de temps devenus grands ! » En dépit de ces auspices encourageants, l'entretien tourne court. Il y a longtemps que la pièce est jouée.

Charles, tout comme Ferdinand, est bien décidé à prolonger l'enfermement de la reine dont il confie le soin au marquis de Denia et à son épouse, leur donnant les plus strictes consignes d'isolement. La reine ne doit communiquer avec qui que ce soit. Dans les rapports que le noble geôlier va adresser par la suite, le terme de « secret » sera souvent employé. Mais quel secret ? La folie de Jeanne n'est plus un secret pour personne. Est-ce à dire que le futur Charles Quint craint de voir des doutes s'élever ?

Il a dû quitter l'Espagne à l'annonce de la mort de son grand-père Maximilien, le 12 janvier 1519. La succession à la couronne impériale l'accapare désormais tout entier. Au cours de l'été 1520, les communautés *(Comuneros)* de Castille se révoltent. Aussitôt les rebelles prennent le contrôle de Tordesillas et proposent à la reine de restaurer son autorité, mais celle-ci va constamment refuser de signer toute proclamation allant dans ce sens, avant que la bataille de Villalar mette fin à l'aventure, le 23 avril 1521.

Après cent trois jours de liberté, Jeanne retrouve ses conditions de détention, plus dures que jamais, au point que l'infante Catherine écrit à son frère pour qu'on permette au moins à leur mère de sortir de sa chambre pour se promener dans « le corridor qui longe la rivière ou dans celui où l'on garde les tapis ». À peine moins recluse, la jeune fille ne quitte ces tristes lieux qu'à 18 ans, le 2 janvier 1525, quand on lui fait épouser le roi Jean III de Portugal.

Le départ de cet enfant qu'à l'évidence elle ne reverra jamais est un nouveau coup que lui porte le destin. La reine a alors 46 ans et plus rien ne la rattache à cette vallée de larmes. Et pourtant, elle va continuer à vivre enfermée trente ans encore, dans un tableau de plus en plus effrayant de déchéance physique et morale, jusqu'au 12 avril 1555, jour de sa mort, ou plutôt, de sa délivrance. Sa réclusion aura duré quarante-six ans.

LE BOUTE-EN-TRAIN DE L'ÉPOUVANTE

Par Bruno Léandri

Ivan IV le Terrible
(1530-1584)

Si l'on cherche dans l'histoire de l'humanité un prototype du tyran sanguinaire, assassin psychopathe, monstre imprévisible et omnipotent, ogre pervers jamais repu de sang, qui tue ses enfants, rit de ses horreurs, jouit de la souffrance, on compte sur les doigts d'une main les spécimens authentiques capables d'assumer le rôle. Lui, Ivan, fait parfaitement l'affaire.

Mais la piste est tant brouillée, s'agissant d'événements vieux de presque cinq siècles dans une contrée de faible tradition écrite, que même de nos jours les historiens les plus rigoureux sur les sources ont manifestement du mal à faire la part des fantasmes sadomasos des chroniqueurs et de la réalité attestée, elle-même en soi difficilement assimilable. Le cas Ivan le Terrible reste une énigme sur bien des plans.

Mais les chercheurs spécialistes de son règne ont négligé une dimension qui expliquerait simplement toute l'affaire : Ivan IV n'était pas fou, c'était un humoriste frustré. Cet éclairage prend valeur d'évidence dès qu'on regarde de plus près les détails de sa pratique. Indice flagrant dont font état de nombreuses sources, les facéties véridiques dont il parsème sa carrière sanglante : tout son règne d'expert-boucher est émaillé de sketches qu'il a assurément voulus désopilants mais que l'histoire n'a pas compris.

Rigolo sanguinaire

Son enfance très particulière contenait en germe sa carrière de comique impénitent. Quand il naît, en 1530, Ivan est l'héritier dynastique de Vassili III, grand-prince de la Moscovie, que l'on n'appelle pas encore « Sainte Russie », ni même Russie tout court. Quand meurt le grand-prince Vassili en 1533, son fils qui monte sur le trône n'a que 3 ans. Le pouvoir revient donc à une régence, assurée par sa mère et un conseil de seigneurs féodaux, appelés là-bas « boyards ». Et les boyards entre eux ne se font pas de cadeaux, surtout quand frétille à leurs narines l'odeur du pouvoir.

Lorsque la régente meurt à son tour, cinq ans plus tard, la lutte pour la prédominance devient une foire d'empoigne. Au milieu du tumulte, un enfant regarde passer les flèches et compte les coups sans les comprendre : le jeune Ivan. Personne ne s'occupe de lui, il erre dans les couloirs du palais, mange à peine à sa faim, et pourtant c'est le grand-prince en titre. D'ailleurs, s'il tombait du donjon du Kremlin en jouant, ça arrangerait bien les affaires de certains. Cette enfance entre abandon, peur quotidienne de l'assassinat et humiliation permanente, voilà la source sans aucun doute du potentiel de dérision où Ivan puisera son humeur entraînante de rigolo sanguinaire. La haine inextinguible, la rancune macérée qui couve en lui, va désigner la principale cible de ses bonnes blagues : les boyards.

Certains chroniqueurs rapportent que le passe-temps favori de l'enfant était de torturer les animaux – comment résister à la démarche cocasse d'un lapin avec deux pattes arrachées ? ; qu'un de ses premiers actes de pouvoir, à 12 ans, a été de faire couper la langue à un nobliau qui lui parlait impoliment – répète, j'entends pas ; qu'à 15 ans, il a testé son ascendant en ordonnant l'arrestation du favori en titre pour le faire dévorer par ses ours – la crise de rire de le voir courir dans la fosse !

Mais pour la future star du stand-up à knout, c'est le public qui laisse à désirer. Le territoire qui a Moscou pour capitale n'en est pas moins immense, mais subit, au nord-ouest, la pression des Polonais, Lituaniens et Suédois, et au sud-est, les incursions des empires tatars. C'est surtout à l'intérieur que le bât blesse : noblesse archaïque, peuple de paysans frustes tenu d'une main de fer par ses maîtres et ses religieux, pays ignoré par l'essor de la Renaissance et de son humanisme qui transforme l'Europe, empire à ce point confit dans sa foi orthodoxe qu'il reçoit à peine l'écho des guerres de Religion, calamité partagée au même moment par les autres pays d'Occident. Bref, tout à fait inapte à apprécier la finesse d'un humour de bon aloi.

Le premier tsar

Ivan IV est couronné le 12 janvier 1547. Premier dans l'histoire russe, il prend le nom de « tsar », revendiquant sa descendance des empereurs romains : la graphie ancienne est « csar », dérivée de « César ». Mais s'il a hérité de lointains gènes césariens, ce sont ceux de Néron et de Commode.

Et surtout, il se marie. La pieuse tsarine Anastasia, issue d'une famille de petits boyards qui allait laisser plus tard une certaine trace dans l'histoire russe, les Romanov, lui fera six enfants, dont le futur tsarévitch.

L'humeur du souverain est tout de suite mise à rude épreuve : un épouvantable incendie ravage Moscou quelques mois plus tard. Il y voit à la fois un signe céleste et un complot terrestre, pas drôle du tout. Mais, pour le moment, il ne s'énerve pas.

Au contraire même, ces premières années, il agit comme un monarque sage et pieux, qui ne laisse rien deviner de sa surprenante personnalité : à l'intérieur, il promulgue des réformes modernisatrices, en même temps destinées à limiter le pouvoir des boyards ; à l'extérieur, il s'engage dans des campagnes d'extension territoriale, vers le nord-ouest et le sud-est. Conquérant, défenseur du petit peuple contre les seigneurs, bienfaiteur de la religion, s'il avait continué sur sa lancée, le tsar Ivan aurait été appelé « le Juste », « le Grand », « le Bienheureux », ou « le Marrant », mais non. Ce sera « le Terrible » car, à partir de 1560, les choses changent.

Deuil pathologique

L'événement précis qui marque le basculement, c'est la mort de son épouse, la tsarine Anastasia, le 7 août 1560. Aimait-il la tsarine à ce point ? Avait-elle joué un rôle modérateur pour retenir ses vrais talents ? Toujours est-il qu'après sa mort, Ivan plonge dans un deuil pathologique, une crise de chagrin hystérique, dont le seul remède consiste en un cocktail qui sera dorénavant indissociable de son règne, fait d'alcool, de sexe et de sang, avec une épaisse couche de religiosité compacte en guise de crème chantilly. Le tout épicé par cette conviction : une crise de folie meurtrière n'est pas incompatible avec une bonne crise de rire.

Au terme d'un long intermède de soûlographie et d'orgies consolatrices en compagnie de sa garde rapprochée et de maîtresses de circonstance pas toujours volontaires, il entreprend de s'attaquer à sa cible prioritaire, les princes de son entourage. Pour ça, il met au point un code impayable :

sans modifier d'un salut les relations cordiales avec un boyard, grosses vannes et tapes dans le dos, quand ce dernier en rentrant chez lui trouve ses serviteurs massacrés, c'est le signe subtil qui lui indique un début de disgrâce, le tsar n'est pas content de lui.

En guise de hors-d'œuvre, il commence par ses deux conseillers les plus proches et les plus compétents, Alexis Adachev et le père Sylvestre, son prêtre-confesseur. Il s'avise soudain qu'ils fomentent un complot en usant de sorcellerie, toutefois, peut-être par égard pour sa feue femme qui les aimait beaucoup, il ne les massacre pas tout de suite : il les envoie dans des monastères-prisons où ils mourront de faim ou de poison. Mais il se rattrape sur leur famille, frères, sœurs, parents, enfants, qu'il fait arrêter et exécuter, et enfin sur quelques boyards maladroits qui passaient par là : il égorge de ses mains le prince Obolenski qui avait traité son conseiller favori de « pédé ».

Le soir d'une fête, tous ses copains de biture portent un masque de carnaval, la crise, tous sauf un, le prince Repnine. Ivan ne dit rien mais, pour lui apprendre à jouer les rabat-joie, il le fait poignarder en public par ses gardes à la sortie de la messe le dimanche suivant.

Le bâton-épieu

En 1563, Ivan va mieux, il se remarie. Pour fêter ça, la purge s'étend à tous les membres influents de la cour. S'appuyant sur les uns pour mieux éliminer les autres, une fois les autres dûment liquidés, il fait assassiner les uns. Et il remplace les nobles supprimés de son conseil par de rustres courtisans issus de la petite noblesse, d'autant plus dociles et obséquieux qu'ils lui doivent tout.

C'est qu'il a besoin de concentration pour mettre au point les grands gags de son règne. D'abord se trouver une image de marque originale assortie à son surnom, une image que gardera la postérité. Il se munit dorénavant d'un accessoire qui ne le quittera plus : une sorte de bâton-épieu, à la fois canne et sceptre, dont le bout ferré s'abattra à sa guise sur toute chair présente susceptible de saigner. Le tsar furieux et son épieux mortel, ses yeux fous et sa barbe clairsemée parce qu'il l'arrache durant ses crises de fureur, le portrait est frappant à souhait, sa panoplie est au point.

Pour se distraire dans ces mois de gestation, et pour montrer qui est le maître, il s'adonne régulièrement à des tournées de viols et de massacres dans les villages de campagne en compagnie des brutes armées qui lui servent d'escorte lors de ses déplacements. Et, pour déconcerter tout le monde, il fait suivre ses virées défoulatoires par des crises de culpabilité mystique, durant lesquelles il se vautre dans une contrition religieuse larmoyante, implorant pardon de son ignominie. Jusqu'au jour où il trouve la formule idoine : tout ce qu'il fait, c'est Dieu qui le lui commande. Le Seigneur lui a confié une mission sur terre, Dieu devient son copain intime, la moindre gifle ressort de Sa décision. C'est pratique et ça permet de garder un moral souriant pendant les carnages.

Un jour de 1564 débute le premier grand gag de son règne. Regardant autour de lui à Moscou, il constate que sa légitime fermeté, sa sévérité peut-être parfois un peu rude, quoique facétieuse, est mal prise par les classes dominantes, voire par le peuple. Que d'aucuns s'avisent même de le critiquer. Il décide de bouder. Il ordonne à ses serviteurs, ses gardes, ses courtisans, de faire leurs valises et de préparer la cour pour un grand voyage dont il prend la tête. On emmène tout, les meubles, les autels, les armes, les animaux, sans oublier les instruments de torture. Pour où ? Personne ne sait, mais nul ne s'avise de demander. En plein hiver, le tsar et sa suite quittent donc le Kremlin au hasard des routes, vers une destination inconnue, suivant la boussole du maître.

Il s'arrête à quatre-vingts kilomètres de Moscou, dans la petite ville d'Alexandrovskaïa Sloboda, où il n'avait jamais mis les pieds. Il ordonne la construction de remparts, d'un palais… Pendant ce temps, à Moscou, le petit peuple prend la disparition de son tsar comme une calamité. Les églises se remplissent, on implore le Tout-Puissant, l'angoisse se transforme en hystérie collective, les émeutes se tournent contre les nobles, les incendies éclatent. Seigneurs et ecclésiastiques décident d'envoyer une délégation au tsar pour le supplier humblement de revenir. Du bout des lèvres, Ivan consent à un retour provisoire, il marmonne dans sa barbe – c'est là qu'on va rire. Il revient à Moscou en février 1565, et défile devant toute la ville agenouillée dans la neige. Il prescrit un nouveau code : à partir de ce jour, nul ne pourra manifester la plus petite réticence à ses ordres, autant en politique qu'en religion, le moindre soupir réprobateur sera puni de mort.

L'*opritchnina*

En grand professionnel, il a chauffé la salle pour le deuxième grand gag de son règne. Ils l'ont voulu, le voilà. Sortie de son imagination fertile, la disposition qu'il édicte alors n'a pas d'équivalent dans l'histoire des règnes les plus baroques, aussi farfelue que son nom est compliqué, imprononçable aux étrangers : l'*opritchnina*. Il s'agit de découper l'Empire russe en deux, d'un côté tout ce qui est intéressant, rigolo, digne de l'amour du tsar et de Dieu, les terres riches et prospères, les braves sujets fidèles, et de l'autre, les pisse-vinaigre ennuyeux, les tâcherons insignifiants, les terres moches et pauvres, les comploteurs, les traîtres. Il a établi une carte, tout est précisé, les frontières sont dessinées, toi d'un côté, toi de l'autre. Mais pas une frontière simple, hein, une ligne nette, non, une mosaïque, un patchwork, des grands bouts ici, des petits bouts là, telle ville oui, telle autre ville, non, sans que nul n'en comprenne les raisons.

La partie valable à ses yeux, c'est l'*opritchnina* proprement dite, l'autre, la partie moche et triste, c'est la *zemchtchina*, par punition encore plus imprononçable. Dans cette partie-là, pillable et corvéable à merci, résident ses ennemis et les gens de peu. Pour piller et corvéer de manière efficace le pays inférieur, et d'abord pour exproprier ceux qui n'ont pas leur place dans les parties privilégiées, Ivan fonde un corps spécialisé de soudards sans pitié ni loi, mais avec foi, entièrement fanatisé, les *opritchniks*, qui deviendra sa garde personnelle. Vêtus de noir, montés sur des petits chevaux rapides, ils portent comme insigne à la ceinture ou à leur selle une tête de chien, de préférence en décomposition, et un balai au symbole éloquent : ils ont tous les droits. Pendant sept ans, au nom du tsar, ils vont terroriser le pays et multiplier tortures et hécatombes.

Pour marquer l'événement, et sceller son pouvoir absolu, Ivan organise sur la place du Kremlin une grande cérémonie d'abattage collectif où périront les grands de l'Empire qui lui ont déplu ou dont il devine le complot. Empalés, écorchés, décapités, ébouillantés, coupés en petits morceaux : la fête est une réussite, l'élite du pays est décimée, les autres fuient aux confins de l'Empire ou à l'étranger. Fatigué, le tsar repart à Alexandrovskaïa Sloboda, dont il décrète faire sa capitale. Facétie supplémentaire, il décide de transformer son palais nouvellement construit en monastère, dont les *opritchniks* seront les moines, et lui le père supérieur. Tout le monde tonsuré, les orgies ordonnées par Dieu seront encore plus marrantes. Avec Ivan, on ne s'ennuie pas. Que va-t-il encore chercher ?

Complot à Novgorod

Poursuivi par l'obsession du complot, il ne dort quasiment pas la nuit ; il la passe en messes et en prières, quand ce n'est pas en beuveries. Parfois, il descend dans les prisons du palais organiser lui-même une torture-party, à la grande joie de ses invités. Il est soudain pris d'une idée grandiose : ce n'est pas un grand seigneur qui conspire contre lui, c'est une ville entière, intégralement liguée à sa perte, citadins, militaires, clergé. Laquelle ? Le hasard funeste, vaguement justifié *a posteriori* par d'inconsistants soupçons de connivence avec les Polonais, tombe sur Novgorod. Les vermines ! La trahison, c'est eux, il en est sûr !

Dieu le lui a dit ! Il s'y rend en janvier 1570 avec son armée et ses sbires, en ricanant d'avance de la bonne surprise qu'il va leur faire. L'extermination des habitants de Novgorod restera l'événement marquant de son règne, paroxysme de sauvagerie, de cruauté et de raffinement dans l'horreur. Et de bonne grosse rigolade.

Pour parfaire la fête, il y amène son fils aîné et préféré, le tsarévitch, qui s'appelle Ivan aussi, et qu'il associe désormais à toutes ses blagues saignantes. Entre autres galéjades, après avoir ordonné de bloquer les issues de la ville, fait arrêter tous les fonctionnaires et les clercs, cloué les portes des églises pour qu'on ne s'y réfugie pas, il ne tue personne. Il se fait même inviter à manger à la cathédrale par l'archevêque de la cité et les dignitaires religieux, bafouillants et tremblants. La crise va-t-elle se calmer ? Ça en a l'air. Le tsar mange tranquillement, disert et souriant, il plaisante avec ses voisins de table. Mais, au milieu du repas, il se lève soudain et pousse un petit cri. À ce signal, les *opritchniks* font irruption dans la salle, se saisissent des convives, religieux ou laïcs, les déshabillent entièrement et les jettent en prison. Le meilleur est pour le dessert. Le lendemain, Ivan rassemble tous les prisonniers et leurs familles sur la grand-place de la ville (plus d'un millier de captifs) et commence un festival de tuerie, un Woodstock de la torture, toute la journée, on équarrit dans de grands éclats de rire et avec moult fignolages pères, mères et enfants, les uns devant les autres, c'est plus croustillant, le tout dûment entrecoupé de prières, bien entendu. Le tsar apporte sa modeste contribution avec son bâton ferré. Puis il lâche ses troupes dans les rues : le reste de la ville et de sa population est livré au pillage, au viol et au meurtre à domicile.

De retour à Moscou, le monarque décide de fêter cette grande victoire sur la trahison. Précédé par de vrais professionnels du rire (sa troupe de bouffons, juchés sur des bœufs décorés), il défile dans la ville à la tête de ses clowns noirs, lui-même affublé d'une tête de chien et d'un balai. Mais la purge n'est pas finie. À l'issue de cinq mois de procès, il fait venir trois cents complices des traîtres sur la place du Kremlin, parmi eux les derniers grands boyards qui n'ont pas encore fui, et se surpasse : ayant repéré parmi les condamnés l'ex-favori Basmanov, il promet la vie sauve à son fils si ce dernier tue son père. Le rejeton s'exécute. Ivan promet la même chose au frère du prince Prosorovski, héros de la guerre de Pologne, s'il poignarde son aîné, ce qu'il fait. Puis il saisit les deux bourreaux improvisés, les déclare coupables de parricide et de fratricide, et les fait aussitôt décapiter. Toute sa suite s'esclaffe. À la fin du carnage, il fait le tour de la place en pataugeant dans le sang et rit avec ses séides des postures hilarantes des cadavres. Perfectionnant le ressort comique, quelque temps plus tard, il fera coudre l'archevêque Léonide dans une peau d'ours, avant de le lâcher au milieu d'une meute de chiens affamés. Gros succès auprès de ses fans.

Cette même année 1570, une autre idée géniale le possède, moins pourvoyeuse d'hémoglobine mais tout aussi obsessionnelle : épouser Élisabeth, reine d'Angleterre. Il a eu la vision du beau couple qu'ils feraient tous les deux et de la puissance de leurs deux empires réunis, nul doute que le *British Parliament* a aussi besoin d'un homme à poigne. Il commence un siège amoureux en règle, il brûle d'aller à Londres, accable la souveraine d'épîtres interminables, multiplie les émissaires. La reine, éberluée, a la finesse de ne pas opposer un refus brutal, de laisser traîner les discussions.

Elle a raison ; les Tatars attaquent, forçant Ivan à penser à autre chose. Ils parviennent jusqu'à Moscou, qu'ils incendient. Le tsar, contraint d'abord à la fuite, parvient à rétablir la situation, mais cette victoire difficile, laborieusement obtenue par une armée privée de ses meilleurs généraux, semble le calmer. En 1572, il met officiellement fin à l'*opritchnina*. Ne se privant pas au passage de liquider ses *opritchniks* les plus actifs pour les remercier, des fois qu'ils se mettent à comploter eux aussi.

L'intérim de Siméon

C'est en 1575 qu'Ivan produit son sketch le plus abouti. Il se déclare fatigué d'être tsar, décide d'abdiquer, et clame son intention de nommer un successeur. Les courtisans tremblent : sur qui ça va tomber ? Ce scénario-là, il l'a déjà joué et tout le monde sait ce qu'il va se passer. Quelques années auparavant, convaincu que son vieux et fidèle grand écuyer Fedorov avait pris la tête d'une conspiration, il le saisit par le bras devant la cour, lui passe son manteau, lui met sa couronne sur la tête et le force à s'asseoir sur son trône. L'autre résiste, essaie de refuser. « Tu voulais être tsar, tu l'es maintenant », lui dit Ivan. Il se prosterne devant lui et ajoute : « Mais profites-en parce que je pourrais décider de te destituer ! » Et il lui plonge son poignard dans le cœur. Alors, quand les yeux du despote se promènent sur l'assistance, on frissonne. Son doigt se tend vers un certain Siméon Bekboulatovitch, un prince de sa suite qui n'a pas inventé l'eau chaude mais sur qui les foudres du démon ne sont jamais tombées. L'heureux élu croit sa dernière heure arrivée, louche sur la canne-épieu. Surprise. Ivan ne le tue pas. Il le proclame très sérieusement tsar Siméon Ier, et s'en va, laissant l'assistance et l'intéressé abasourdis, l'une et l'autre convaincus que l'impétrant ne perd rien pour attendre. Mais non. Ivan le laisse gouverner. S'étonnant chaque jour d'être encore en vie, le brave Siméon expédie les affaires courantes, fait mine de gouverner, signe des édits d'une main tremblante, nomme des fonctionnaires en bégayant. Mais il ne se passe rien. Ivan le laissera tranquille sur le trône pendant près d'une année, sans jamais le menacer. Quand il estimera ses vacances finies, il reprendra simplement sa place en congédiant l'intérimaire. L'ex-tsar Siméon Ier a poussé un soupir de soulagement qu'on a entendu jusque dans l'Oural.

Le dernier gag du règne fut un bide, mais c'est celui qui est resté le plus célèbre. Son fils, le tsarévitch Ivan, a toutes les qualités pour lui succéder sur le trône. Aussi cruel que lui, aussi fondu de religion, fort caractère forgé par l'éducation très particulière de son père. Trop peut-être, car l'héritier est le seul de l'Empire à oser lui tenir tête. Un jour de 1581, les deux se disputent. Les sources divergent sur le motif de la querelle, mais le ton monte, le tsarévitch ne cède pas, et le tsar entre dans une de ses coutumières colères qui le transforment en charcutier. Au paroxysme de la fureur, il lève sa canne-épieu et l'abat sur la tête de son fils, lequel met quelques jours à mourir. Son autre descendant mâle étant peu apte à assumer le pouvoir, le papa soupe-au-lait vient mettre lui-même un terme à ses espoirs de succession dynastique. Il en oublie de rire.

Ivan le Terrible meurt trois ans plus tard, pas dans son lit mais presque. Pris de malaise, il s'est alité. Se sentant mieux, il se relève, et désire faire une partie d'échecs. Il n'a même pas le temps d'égorger son adversaire qui a osé lui prendre un pion, qu'il s'effondre sur l'échiquier. Outre ses milliers de victimes, il laisse à la philosophie une question sans réponse : jusqu'où aurait-il dû aller pour qu'un jour le peuple russe cessât de lui obéir ?

LE PINGOUIN IVRE

Par Clémentine Portier-Kaltenbach

George III d'Angleterre
(1738-1820)

Un bookmaker britannique à des parieurs : « Au cours de son histoire, l'Angleterre eut un roi qui fut complètement normal durant les trente premières années de son règne et complètement fou les trente suivantes : possible ou pas ? La réponse "non" est à dix contre un ! »

Le petit malin qui aurait misé quelques livres sterling sur la réalité de cet improbable scénario toucherait le gros lot ; car ce roi qui, à la cinquantaine, sombra dans la folie du jour au lendemain a bel et bien existé. Il s'agit de George III, né le 4 juin 1738, mort le 29 janvier 1820. Durant soixante ans, il fut souverain de Grande-Bretagne et d'Irlande, l'une des plus grandes puissances européennes qui, à partir de 1801, devint le Royaume-Uni.

Deux siècles après sa mort, la cote de ce monarque est au plus bas des deux côtés du *Channel :* les Anglais le tiennent pour le fou qui leur a fait perdre l'Amérique et, pour les Français, il est ce maudit roi d'Angleterre qui leur a volé les Indes et le Canada, et infligé à Trafalgar la plus grande défaite navale de leur histoire. Entre les fiascos de son règne et sa camisole de force, mal aimé, vilipendé, raillé, caricaturé, le malheureux George III a sombré dans l'oubli, ne laissant que le vague souvenir d'un pauvre être souffrant, halluciné, égaré, errant en robe de chambre dans les couloirs capitonnés du château de Windsor où s'acheva sa triste existence.

Le roi fermier

Georges III est pourtant né sous de bons auspices. Premier roi de la très germanique Maison de Hanovre à être né sur le sol britannique, il fut le premier à adopter l'anglais comme langue principale, là où son grand-père avait besoin d'un interprète pour s'adresser à ses sujets!

Lorsqu'il monte sur le trône, en 1760, le peuple britannique est en liesse et attend beaucoup de lui : la fin d'une guerre ruineuse avec la France et l'Autriche, l'essor du commerce maritime et la mise au pas des colonies américaines. Dans les premiers temps de son règne, George III connaît une extraordinaire popularité. La presse le pare de toutes les vertus : « Sa Majesté se lève à 5 heures du matin et allume elle-même sa bougie à la veilleuse qui brûle toute la nuit dans sa chambre. Le roi s'habille lui-même [...]. À 6 heures, il va à la chapelle où il dit ses prières du matin de la façon la plus édifiante. [...] Il monte à cheval pendant deux ou trois heures pour prendre de l'exercice et l'air pur ; ensuite, il lit un livre religieux ou un traité de morale jusqu’à l’heure où ses ministres viennent le consulter sur les affaires de la nation. Pour le souper, il prend une croûte de pain et un verre d’eau. »

Voilà qui fleure bon l’encens de l’éloge officiel ; il y a cependant du vrai dans ces propos. Profondément pieux, George III a des goûts très simples, il est particulièrement frugal et sobre. Économe, il réduit son train de vie au minimum et s’attelle à mettre fin aux gaspillages de tous ordres. Par souci d’économie, il fait interdire le chauffage des serres de Kew, laissant ainsi mourir tous les orangers qui faisaient la joie des promeneurs. George considère que tout le monde doit faire comme lui et savoir se contenter de peu. Surveillant très étroitement ses comptes, il n’augmente quasiment jamais ses domestiques et décide également de supprimer les pourboires.

S’il a des oursins dans les poches, il traite cependant ses gens avec bonté, parle volontiers avec eux et ne s’offusque jamais des libertés de langage qu’ils prennent avec lui. Bien souvent, il se promène *incognito* et, lors de ses longues promenades à la campagne, entre à l’improviste dans une chaumière, s’installe sans façon au foyer, bavarde avec ses occupants et laisse quelques pièces en partant. Il fait installer dans le parc de Windsor un moulin où les paysans les plus pauvres peuvent faire moudre leur grain gratuitement.

Passionné d'agriculture, au point d'adresser des articles sous pseudonyme aux *Annales de l'agriculture*, il est capable d'interrompre sa promenade à cheval s'il aperçoit un beau cochon dans un enclos. Un jour, au cours du discours du Trône, alors que la guerre fait rage en Amérique, il entretient longuement le Parlement de son inquiétude au sujet de la maladie des bêtes à cornes : un incident qui lui vaudra le surnom de *Farmer George*.

Avec des goûts aussi rustiques, George III est évidemment plus heureux à la campagne qu'à la cour dont l'étiquette reste d'une grande sévérité : le protocole exige en effet que l'on s'éloigne de lui à reculons, qu'on ne le regarde jamais dans les yeux et qu'on ne lui adresse jamais la parole en premier. Hormis quelques belles fêtes de temps en temps, la vie quotidienne à la cour est d'une désespérante monotonie, tout y est rigide, compassé. En présence de la reine, nul n'a le droit de s'asseoir et chacun (y compris ses propres fils) doit donc rester debout telle une potiche aussi longtemps qu'il plaira à la reine de faire salon…

La reine justement : Charlotte de Mecklembourg-Strelitz, petite, plate, insignifiante, sans beauté, sans culture, va donner quinze enfants à George qui fait sa connaissance le jour même de leur mariage. Il lui sera parfaitement fidèle jusqu'au bout, moins d'ailleurs par amour que par sens du devoir.

Contre toute attente, les goûts modestes du roi suscitent plus de critiques que d'admiration. Aux yeux des puissants, il est un pingre dont la vie bourgeoise et rangée est tout bonnement abominable. Car l'époque est à la dépense, aux jeux, à la prodigalité, à la dissipation, aux plaisirs et au cynisme. Londres est un gigantesque casino où d'immenses fortunes se perdent chaque soir entre deux banquets. Ramener leurs maîtres ivres morts chez eux fait partie du quotidien des domestiques. Entre sa passion pour les bêtes à cornes, les règlements militaires et les boutons d'uniformes, sa flûte à bec et son affreuse bigote de femme à laquelle il est sinistrement fidèle, voilà un roi qui décidément ne comprend rien à son époque.

Intelligence médiocre

George III prend néanmoins son rôle de roi très au sérieux et s'y consacre avec ardeur. Il se met en tête de restaurer à son profit l'absolutisme des Stuarts et de mater le Parlement. Pour cela, il lui faudrait un peu de sens politique et de souplesse, toutes choses dont, hélas, il ne possède pas une once.

Au contraire, il considère comme une rébellion insupportable toute opposition à sa volonté. Doté d'une intelligence médiocre, il va par ailleurs trouver face à lui, tout au long de son règne, des politiciens parmi les plus brillants de l'histoire d'Angleterre, comme William Pitt, Pitt le Jeune et James Fox, représentant des *Whigs,* cette puissante oligarchie qui tient ses propres intérêts pour ceux de l'Angleterre. Loin de reprendre les choses en main, le roi va donc tout au contraire, par ses maladresses et son incompétence, fonder à jamais l'omnipotence ministérielle.

Sous son règne, la situation intérieure ne cessera de se dégrader. Après l'indépendance des États-Unis, en 1776, il n'a plus de majorité au Parlement et il s'en faut de très peu qu'il perde sa couronne. L'esprit de révolte qui règne aux Amériques gagne l'Angleterre, donnant lieu à de graves émeutes à Londres. En de telles circonstances, un James Fox, le brillant adversaire de William Pitt le Jeune, aurait pu devenir une ressource, mais le roi réprouve tellement son genre de vie, ses paris absurdes, ses amours tapageuses, qu'il préfère se passer de ses services.

Dès lors, Fox va se vouer corps et âme à la cause de l'opposition. Le royaume connaît alors une grande instabilité sur fonds de scandales parlementaires. Au moment même où l'ordre semble rétabli, survient en 1781 la défaite de Yorktown. George III s'est entêté à vouloir écraser la rébellion dans les colonies, alourdissant encore une dette déjà insupportable, alors que Pitt le Jeune souhaite au contraire promouvoir l'indépendance. L'avenir lui donne raison :

les colonies américaines deviennent un État souverain, ce qui met George III au désespoir ; il ne pourra s'empêcher de pleurer en voyant le jeune ambassadeur de la nouvelle république venir lui remettre ses lettres de créances. Bref, en vingt-cinq ans de règne, malgré toute sa bonne volonté, il n'a réussi qu'à mener son royaume au bord de l'abîme : toute-puissance du parti *whig* au Parlement, perte de l'Amérique, corruption scandaleuse aux Indes, humiliation par la France qui, aux termes du traité de Versailles, récupère en 1783 les territoires perdus vingt ans auparavant, dont ses comptoirs de l'Inde, Gorée et le Sénégal, Dunkerque, la Martinique et la Guadeloupe… De tous ces échecs, George III porte seul la responsabilité.

Dans ce contexte, la popularité dont il jouissait au début de son règne n'est plus qu'un très lointain souvenir. Désormais, on le brocarde, on le chantonne, on le calomnie dans d'infâmes pamphlets et les caricaturistes reproduisent à cœur joie sa silhouette alourdie, ses yeux globuleux et son menton enfoncé dans la graisse.

Porphyrie du porphyrogénète

« Né dans la pourpre », autrement dit fils de roi, George III est ce que l'Empire byzantin appelait « un prince porphyrogénète » ; et comme, pour la science moderne, il souffrait non pas d'une maladie mentale, mais bien d'une affection rare, la porphyrie intermittente aiguë, il constitue un cas rarissime de porphyrogénète porphyrique…

Précisons que les crises de folie liées à cette maladie ne survenaient chez George III que par intermittence, tout comme celles de Charles VI en France. Au total, George III aura cinq grandes crises, la plus fameuse d'entre elles ayant duré d'octobre 1788 à février 1789. Il offre alors à son entourage consterné un spectacle ahurissant.

Le 11 juin 1788, une semaine après son cinquantième anniversaire, le monarque est victime d'une montée de bile très aiguë. Il est très agité, fébrile, ressent de violentes douleurs d'estomac. Sur les recommandations de son médecin, il part séjourner cinq semaines dans la station thermale de Cheltenham et semble se remettre.

Quelques mois plus tard, même causes, mêmes effets, avec en plus des douleurs aux jambes. Une crise de goutte, pense-t-on alors… Mais d'autres symptômes étranges surviennent bientôt : la façon de parler du roi, d'ordinaire lente et majestueuse à force d'application, devient saccadée, incohérente. Toutes ses phrases sont hachées de « Eh ! Eh ! » ou ponctuées de « Quoi, quoi ? » dont l'effet comique est irrésistible. Dans l'ensemble, cette fantaisie semble d'abord inoffensive. On se contente de diminuer la fréquence des grandes réceptions et des sorties publiques ; mais les choses prennent progressivement un tour préoccupant. George III devient insomniaque, il erre de nuit dans son château en proie à des hallucinations, croit voir Londres sous les eaux. Il gesticule, a des accès de sueurs, délire, ne reconnaît pas sa femme, sur laquelle il crache. Il parle, parle et parle encore, d'une loquacité exténuante à laquelle il semble incapable de résister, jusqu'à en avoir l'écume à la bouche : « Je parle, j'entends des mots, j'ai besoin de vider ma tête de tous ces mots. »

Ses urines sont bleues, et son médecin, qu'il traite couramment de « vieil étron », n'a aucune explication. Ventouses, purges, saignées, sangsues pour drainer les humeurs, tout y passe… Le roi ne peut plus se gouverner, souille ses vêtements. Un jour qu'il semble à peu près cohérent, il assiste à une représentation du *Messie* de Haendel à la cathédrale de Worcester. Il se lève et se met à battre furieusement la mesure devant une assistance médusée, apostrophant les musiciens, parlant tout haut…

On le voit aussi s'amuser comme un enfant. Un rien le plonge dans une exaltation incompréhensible. Il pose à tout bout de champ des questions souvent indiscrètes dont il n'attend jamais les réponses, passe à autre chose et, tout à coup, se met à rire à gorge déployée. Levé avant l'aurore, il court partout en tous sens, saisi d'une curiosité et d'une bougeotte dont rien ne peut interrompre le cours. « Lorsqu'il marche, hochant du chef et roulant les épaules, il ressemble à un pingouin ivre », commente un contemporain.

Son entourage est stupéfait : il salue les arbres comme s'ils étaient humains, en leur serrant les branches, et voit le roi de Prusse partout. Il devient impossible de dissimuler plus longtemps que le roi est fou. Lui-même d'ailleurs en convient, dans ses moments de lucidité, et s'en désole, ce qui navre son entourage.

À ce rythme, il maigrit de façon inquiétante et devient si faible qu'il est obligé de se servir d'une canne pour marcher. Il ne supporte même plus la musique qui semble l'épuiser nerveusement. Ses médecins ne savent plus que faire ; ils prescrivent le calme et le silence, si bien que Windsor devient une sorte de tombeau où le malheureux monarque est pour ainsi dire enterré vivant. Les cloches ne sonnent plus, la garde est renforcée pour empêcher toute intrusion de curieux. Certains jours, le roi George oublie qu'il est marié avec sa femme et se croit l'époux de lady Pembroke, un amour de jeunesse. L'automne s'écoule de la sorte avec des alternances d'améliorations et de rechutes.

Fils félon

Une personne, une seule, se réjouit en son for intérieur du drame qui se joue : c'est le prince de Galles, fils aîné du roi, qui ne voit pas d'un mauvais œil la dégradation de l'état de son père. Il est monstrueusement endetté et William Pitt, qu'il déteste, a refusé de demander au Parlement de quoi éponger ses dettes. Devenir le maître du royaume est la seule façon pour lui de résoudre ses problèmes financiers. La folie de son père est providentielle et il s'en réjouit ouvertement. Il convoque même un aliéniste très en vogue, le docteur Warren, que le roi refuse d'abord de recevoir.

En service commandé, le docteur confirme le diagnostic de « folie incurable » et précise que le roi n'en a plus pour bien longtemps. Et quand bien même il survivrait, le fait même qu'il aboie montre à quel point ses facultés mentales sont atteintes…

Ces informations malveillantes sont évidemment transmises à Londres, mettant sur la table la question brûlante de la régence. Les partisans du prince de Galles en rajoutent : le roi se promènerait nu dans les couloirs de Windsor, ferait asseoir son médecin sur ses genoux pour lui montrer les étoiles… Partisans de Pitt et de Fox s'invectivent au Parlement, multipliant les nouvelles contradictoires, rassurantes ou alarmantes, selon qu'ils en tiennent pour le roi ou pour le prince de Galles. De la santé du roi dépend l'avenir. En fait, comme le note Chenevix-Trench dans son *Histoire de la maladie royale*, « la question n'est pas de savoir si le roi guérira, mais s'il lui sera permis de guérir ».

Pendant que le roi est cantonné à Kew, ses deux fils aînés font l'inventaire de ses biens et mettent sous clefs les bijoux de leurs parents. Le prince de Galles, se voyant déjà sur le trône, fait frapper des pièces portant sa devise. Alors que l'état du roi semble s'être amélioré lorsqu'ils lui rendent visite le 23 février, son frère le duc d'York et lui-même, de retour à Londres, n'en affirment pas moins que leur père divague plus que jamais. Mais, à leur grand dam, George III semble effectivement se remettre. Fin février, les bulletins de santé sont supprimés et, mi-mars, le roi est officiellement guéri. Un service d'action de grâce est donné à Saint-Paul, auquel assistent les deux fils dépités. L'Angleterre se réjouit de la guérison de son roi débonnaire.

Fantôme dynastique

George III, lui, ne se fait aucune illusion ; il se sait malade et, de fait, après une longue accalmie de douze années, les crises reviendront et se feront plus violentes et plus rapprochées. Inexorablement, l'esprit du roi vacille, de longues périodes de dépression et d'abattement succédant à des moments d'extrême exaltation. On ne peut plus guère lui demander son avis sur les affaires de l'État.

La mort de sa fille préférée, la princesse Amalia, en 1810, lui porte le coup de grâce et achève de lui faire perdre complètement la raison. Le 5 février 1811, sa déchéance est consommée. La cérémonie d'investiture du prince de Galles en tant que régent a lieu à Carlton House. Selon la formule de Ghislain de Diesbach qui lui a consacré une biographie, « le roi survivant à son règne n'est plus qu'un fantôme dynastique ». Comme il devient aveugle, phase ultime de la porphyrie, on fait matelasser les murs et le mobilier de ses appartements du château de Windsor afin qu'il ne se blesse pas. C'est là qu'il terminera ses jours, en chemise de nuit, drapé dans une ample robe de chambre rouge, coiffé d'un bonnet de fourrure, vagabondant à l'aveuglette, divaguant et, tel le roi Lear de Shakespeare, croyant entendre les voix de ses filles. Il fait parfois de longs discours à ses domestiques médusés, ou reste prostré pendant des heures, la tête sur ses bras croisés.

Durant ses crises, il est saisi de convulsions d'une telle violence qu'il faut le maintenir au sol ou le tenir entravé dans une camisole. Sa dernière attaque a lieu avant Noël 1819, soit un mois avant sa mort : plus de deux jours et deux nuits consécutifs, sans dormir et sans cesser de parler de manière incohérente. Après quoi, il sombre dans le coma et meurt paisiblement, sans douleur, le 29 janvier 1820.

Quelle fut l'ultime joie terrestre de cet honnête homme, si peu fait pour régner, pauvre créature douloureuse, aveugle et quasiment sourde ? Sans doute d'égrainer sur sa flûte, qui ne le quittait jamais, quelques notes de Haendel. Car l'un des plus grands moments de bonheur de son existence, de son propre aveu, avait été non pas celui de son avènement ni même celui de Trafalgar, mais ce jour inoubliable où il avait pu chanter accompagné au piano par le grand Wolfgang Amadeus Mozart.

LE NAPOLÉON HAÏTIEN

Par Pascal Varejka

Faustin Soulouque
(1782-1867)

Faustin Soulouque naît à Saint-Domingue. Fils d'une esclave, il s'enrôle en 1802 dans l'armée révolutionnaire haïtienne combattant les troupes envoyées par Bonaparte pour rétablir l'esclavage – aboli par la Convention en 1794. Après la proclamation de l'indépendance d'Haïti en 1804, Soulouque grimpe peu à peu les échelons. En 1846, il devient commandant de la garde présidentielle sous le président Riché. Et quand ce dernier meurt, en février 1847, le Sénat porte Soulouque à la présidence de la République.

C'est un effet de la « politique de la doublure » mise en place en 1843. Le Sénat haïtien, dominé par l'oligarchie mulâtre qui contrôle l'ensemble de l'économie et de l'appareil politique, place à la tête de l'État des individus assez âgés et dépourvus d'ambition. Les mulâtres conservent ainsi les leviers du pouvoir grâce à des hommes de paille noirs – comme les trois prédécesseurs de Soulouque. Ce dernier, un militaire de carrière âgé de 65 ans, semble le sous-fifre idéal : inoffensif, insignifiant, ignorant, semi-illettré et malléable. Très surpris par un honneur auquel il ne s'attend pas, il garde les ministres de son prédécesseur.

Il joue pendant quelques mois le rôle attendu de lui. Mais son origine servile et la conscience de son manque de culture et de prestige le rongent. En outre, il réalise que la situation du pays, miné par des mouvements séparatistes et des révoltes, en butte à l'hostilité des puissances étrangères – les États-Unis refusent de reconnaître son indépendance –, est désastreuse. Soulouque envisage un moment de démissionner. Mais finalement, il surprend tout le monde en s'affirmant ambitieux et déterminé.

Adepte du vaudou

Dès 1848, il prend ses distances avec les sénateurs mulâtres qui l'ont porté à la présidence et affermit son pouvoir, entre autres grâce aux *zinglins,* une milice privée créée par Maximilien Augustin, dit Similien. Ce général noir, qui commande désormais la garde présidentielle, hait les mulâtres. Soulouque écoute le mécontentement des Noirs des campagnes, qui réclament une moindre charge de travail, de meilleurs salaires et un enseignement élémentaire. L'antagonisme entre les Noirs et les mulâtres, qui remonte à la fin de la période coloniale, culmine en 1799 lors de la « guerre des Couteaux » opposant les premiers, les anciens esclaves, aux seconds, qui constituent la nouvelle élite.

Une fois les Blancs éliminés, cet antagonisme apparaît en filigrane dans toute l'histoire haïtienne jusqu'au XXe siècle.

Soulouque s'affirme donc comme le champion des Noirs contre les mulâtres. Il s'affirme aussi, ouvertement, adepte du vaudou. Il s'entoure de prêtresses et de sorciers. De fait, il est superstitieux : il évite certains sièges par crainte d'envoûtement, il a peur d'être empoisonné et il est persuadé que le président Boyer, renversé en 1843, a enterré dans le jardin du palais présidentiel une poupée ensorcelée condamnant tout dirigeant à rester moins d'un an au pouvoir. L'appui au vaudou lui vaut aussi une certaine aura auprès des populations noires des campagnes.

En avril 1848, il passe à la vitesse supérieure. Au début du mois, une foule s'assemble à Port-au-Prince pour réclamer l'abrogation de la constitution de 1846, qui rétablissait la présidence à vie, et la dissolution du ministère. Le 9 avril, le président révoque le général Dupuy, ministre de la Défense nationale, et d'autres personnalités influentes – autant de rivaux potentiels. Le 16 avril, Soulouque convoque au palais présidentiel les militaires et les politiciens mulâtres qu'il soupçonne de conspirer. Certains sont fusillés, d'autres blessés et mis au cachot, comme le sénateur Céligny Ardouin, un personnage très cultivé, redouté par Soulouque. La panique se répand, les mulâtres s'arment. Lors d'une rencontre, un jeune mulâtre exalté tire. L'armée riposte, il y a des morts et des blessés. Soulouque en profite pour écraser la « révolte ». Les 16 et 17 avril, on procède à des exécutions en masse de membres de l'élite mulâtre : professeurs de lycée, commerçants, médecins.

Les massacres, suivis de pillages et de confiscations, sont organisés à Port-au-Prince par Similien et ses *zinglins,* et dans le sud du pays par Pierre Noir et ses *piquets* (ils sont armés de piques). Les émeutiers noirs exigent même la déportation de tous les mulâtres. Soulouque entreprend une tournée dans le Sud. Elle dure jusqu'au mois d'août et se solde par de nombreuses condamnations et exécutions.

Piètre stratège

Ayant affermi son pouvoir, Soulouque lance en mars 1849 une expédition contre la République dominicaine, pour rétablir l'unité de l'île. À ses yeux, cet État offre aux puissances hostiles une porte d'entrée pour se réinstaller à Saint-Domingue et menacer l'indépendance d'Haïti. Au XIXe siècle, Haïti, le seul État noir indépendant des Caraïbes, est menacé – par la France, qui aimerait reprendre pied dans l'île, par l'Angleterre, et par les États-Unis, en partie esclavagistes, qui voient dans ce petit pays un mauvais exemple pour leur propre population servile. Il ne s'agit pas d'une lubie de Soulouque, mais d'une constante depuis l'indépendance d'Haïti. Dessalines, le premier dirigeant haïtien, entreprend déjà la conquête de l'ancienne colonie espagnole, devenue française en 1795. Il s'agit d'empêcher les Français de disposer d'une base arrière leur permettant de réoccuper Haïti. Le président haïtien Jean-Pierre Boyer décide à nouveau de réunifier l'île en février 1822 : l'occupation haïtienne dure vingt et un ans, jusqu'à sa chute. Les Haïtiens tentent encore à deux reprises de réunifier l'île avant l'arrivée de Soulouque au pouvoir : en 1844 et 1845.

L'expédition de 1849 débute bien, les Haïtiens remportent plusieurs victoires, mais l'ancien militaire se révèle un piètre stratège. Les Haïtiens découvrent bientôt que l'intendance ne suit pas : l'armée se retrouve sans vivres et, après la bataille de la rivière Ocoa, une cuisante défaite, l'armée haïtienne fait retraite en laissant un grand nombre de morts et de canons sur le terrain. Soulouque fanfaronne, en affirmant qu'il a ordonné la retraite pour épargner son armée épuisée par son avancée fulgurante, que les ennemis ont subi beaucoup plus de pertes, et que les canons ont été laissés sur place pour les utiliser lors d'une incursion suivante…

De retour, Soulouque s'attaque aux extrémistes noirs sur lesquels il s'est appuyé. En avril 1849, il fait jeter en prison le général Similien, devenu trop ambitieux. Puis, en novembre, il fait fusiller Pierre Noir, l'incontrôlable chef des *piquets*. Par la suite, les exécutions d'opposants réels ou supposés se poursuivent, et les prisons ne cessent de se remplir jusqu'à la fin de l'empire.

Empereur d'Haïti

Car entre-temps, en août 1849, à la suite d'une pétition nationale que personne n'ose refuser de signer, le Sénat et l'Assemblée nationale proclament Soulouque empereur. Le 25 août, les sénateurs se présentent au palais présidentiel. Faute de mieux, le président du Sénat porte une couronne de carton doré qu'il pose sur la tête du nouvel empereur. À titre provisoire. Ce fils d'esclave qui a combattu les troupes françaises dans sa jeunesse est fasciné par l'image de Napoléon Ier. Après avoir passé des heures à admirer une gravure représentant le sacre de ce dernier, il commande à Paris tout le nécessaire, notamment un manteau semé d'abeilles d'or et d'autres coûteux accessoires, pour que son sacre soit aussi grandiose que celui de son modèle français. Le couronnement officiel de Faustin Ier et de son épouse a lieu en avril 1852, dans un faste éblouissant.

Faute d'avoir un pape sous la main comme son mentor, il envoie une délégation à Rome pour obtenir la nomination d'un archevêque, ou au moins d'un évêque, à Port-au-Prince. Mais l'Église fait la sourde oreille et refuse la création d'une hiérarchie catholique haïtienne. Pie IX consent juste à envoyer un abbé, dont Soulouque exige la présence à son couronnement. L'empereur, qui est bien informé, gravit les marches de l'autel de l'église provisoire aménagée pour la circonstance et se couronne lui-même avant de couronner l'impératrice. Comme Pie VII à Paris quarante-huit ans auparavant, l'abbé Cessens fait juste acte de présence. Mais Faustin Ier peut ainsi s'affirmer « Empereur par la grâce de Dieu et par la vertu de la Constitution haïtienne ». La couronne de Soulouque, en or, sertie de rubis, de saphirs et de diamants, est toujours visible au musée du Panthéon national haïtien.

Noblesse haïtienne

Une fois couronné, Soulouque établit une noblesse noire. Pour être exact, il reprend une initiative du roi Henri (Christophe), qui régna sur le nord du pays entre 1811 et 1820. Il crée quatre princes, cinquante-neuf ducs, deux marquises – un titre réservé aux femmes en Haïti –, quatre-vingt-dix comtes, deux cent quinze barons et trente chevalières. Comme en Europe, le titre des nobles est suivi d'un nom de lieu. Des observateurs européens mal intentionnés se moquent du duc de Marmelade et du comte de Limonade. Victor Hugo lui-même écrit dans

Les Châtiments: « Ô de Soulouque [...] burlesque cantonade! / Ô ducs de Trou-Bonbon, marquis de Cassonade... » Mais les toponymes haïtiens ont été attribués par les colons français et l'Europe, tout compte fait, a bien un duc de Bouillon et un prince d'Orange...

Les titres de noblesse et les médailles généreusement distribuées de l'ordre militaire de Saint-Faustin et de l'ordre civil de la Légion d'honneur créent un réseau de connivence. C'est l'un des piliers du régime, l'autre étant la terreur, entretenue par les *zinglins* qui servent aveuglément l'empereur. Leur rôle est d'identifier les ennemis, le plus souvent potentiels ou imaginaires, et de les éliminer. Comme l'écrit François-Élie Dubois dans *Deux ans et demi de ministère,* publié en 1862, sous Soulouque, « arrêter, c'était juger; juger, c'était condamner, et l'exécution de la condamnation ne pouvait être douteuse ».

Goûts de luxe

Ensuite, Soulouque entreprend de ruiner méthodiquement son pays. D'une part il manifeste un réel engouement pour les produits de luxe. Un auteur français de l'époque, Gustave d'Alaux – c'est le pseudonyme de Maxime Raybaud, consul général de France en Haïti sous le règne de Faustin Ier –, le note dans *L'Empereur Soulouque et son empire :* « La toilette est bien certainement une des plus grandes préoccupations de Soulouque. On l'a vu parfois se montrer le même jour dans la ville sous trois ou quatre costumes différents, tous plus éblouissants les uns que les autres. Il a fait venir, par exemple en 1847, de Paris un certain habit vert qui ne coûtait pas moins de 30 000 francs, juste le budget actuel de l'Instruction publique, et deux fois ce budget sous Boyer. Faustin Ier raffole encore d'un certain costume écarlate et or commandé pour Riché, et dont la coupe et la couleur n'ont jamais été adoptées que par les présidents haïtiens et les marchands de vulnéraire suisse. [...] Soulouque l'a fait élargir des pieds à la tête, pour son usage, y compris les bottes, des bottes piquées en fil d'or. Il est juste d'ajouter que Soulouque, surtout à cheval, a fort bonne mine sous tout ce luxe fabuleux, qui fait certainement de lui l'empereur le plus cossu de notre époque. » Ses préparatifs en vue d'envahir la République dominicaine et ses campagnes désastreuses coûtent cher également. Les Américains en profitent par exemple pour lui vendre des navires de guerre hors d'usage...

Soulouque s'occupe également de détourner une partie des revenus de l'État, « qu'il considère comme son patrimoine », selon les mots de Gustave d'Alaux. Il trafique avec des négociants américains, anglais et allemands. Il touche des commissions sur des fournitures, comme le drap pour les uniformes militaires, achetées bien au-dessus de leur valeur, ou il vend du café – la principale richesse du pays – au-dessous de sa valeur. Naturellement, cela entraîne la dévaluation de la monnaie locale, la gourde, et plus le règne de Faustin Ier avance, plus on fait fonctionner la planche à billets.

En revanche, Soulouque n'est pas très généreux avec les nobles, qui ne coûtent donc pas très cher à l'Empire, comme le révèle Gustave d'Alaux : « Le *high-life* haïtien ne laisse pas que d'être fort accessible. Les princesses et les duchesses continuent de débiter qui du tafia, qui du tabac et des chandelles, qui du poisson ou autres comestibles, ni plus ni moins que Sa Majesté l'impératrice avant l'élévation de son époux. Sans ces utiles industries, les ducs, avec leurs quatre-vingts francs par mois, ne pourraient guère soutenir la grandeur de leur rang. Beaucoup sont même écrasés sous le fardeau, et ne dédaignent pas de rendre de temps en temps visite aux simples bourgeois, pour leur emprunter quelques gourdes destinées à acheter ou des souliers, ou un pantalon, ou autres menus accessoires de toute toilette aristocratique. Ils demandent de temps en temps une augmentation, mais sa majesté est sans [cœur] pour ces illustres infortunes. »

Par ailleurs, connu jusque-là comme un homme mesuré et sobre – par exemple il n'aime pas le tafia, ce rhum de mauvaise qualité qui coule à flots dans tout le pays –,

Soulouque semble prendre peu à peu conscience des possibilités que son pouvoir illimité lui ouvre dans tous les domaines. Il se met ainsi à poursuivre de ses assiduités toutes les dames de la cour – une sorte de survivance inconsciente des droits discrétionnaires que les planteurs blancs s'arrogeaient sur les esclaves noires – ce qui d'un autre côté, comme le note Gustave d'Alaux, témoigne d'« une santé de fer », car au moment de son couronnement, Faustin Ier a tout de même soixante-dix ans. Il est vrai que, même si les caricatures françaises de l'époque lui donnent en général une apparence simiesque, son portrait et les descriptions de certains de ses contemporains montrent que c'est un bel homme. Bien que corpulent et de taille moyenne, comme son modèle français, il présente une belle apparence : la peau de son visage est lisse et saine et, malgré son âge, à première vue on lui donne plutôt une quarantaine d'années.

En décembre 1855, Soulouque décide d'entreprendre une nouvelle campagne, dans l'est de l'île, contre la République dominicaine. C'est un nouveau désastre dont il rejette la responsabilité sur ses officiers : il fait fusiller trois généraux et plusieurs colonels. Son ultime défaite, en 1856, marque le début de la fin. Les opposants relèvent la tête et Soulouque est finalement renversé par une conspiration menée par le général Fabre Nicolas Geffrard. Il abdique en janvier 1859 et s'exile à la Jamaïque à bord d'un bateau de guerre britannique – la France ayant refusé de l'accueillir. Il regagne Haïti après la chute de Geffrard, en 1867.

Faustin Ier réhabilité

Soulouque est généralement présenté comme un bouffon dans la presse de l'époque et dans l'historiographie. Les comptes rendus des journalistes et des diplomates sont toujours empreints d'un racisme méprisant. Gustave d'Alaux le qualifie de « grotesque et lugubre cauchemar ». Sans compter que l'adhésion ostentatoire de l'empereur au vaudou est très mal considérée à l'étranger, car cette religion d'origine africaine introduite par les anciens esclaves y est perçue comme un ensemble de pratiques et de croyances primitives et sanguinaires, assimilées à la sorcellerie.

Il se trouve toutefois un historien spécialiste de l'histoire des Caraïbes, Murdo J. MacLeod, pour analyser moins sommairement la personnalité de Soulouque et réexaminer son rôle dans un article publié dans les *Caribbean Studies* en 1970. MacLeod avance de façon argumentée qu'il se révèle un dirigeant plus judicieux qu'on ne l'admet habituellement. Pour un homme souvent qualifié d'ignorant, Soulouque semble assez conscient de l'importance des symboles, par exemple en ce qui concerne le vaudou à usage interne et l'Église catholique à usage international.

Soulouque a également conscience de l'importance symbolique que revêt Haïti dans une région du monde où l'esclavage existe toujours quand il arrive au pouvoir : l'abolition date de 1833 dans les îles anglaises, mais il faut attendre 1848 dans les îles françaises, 1865 aux États-Unis et 1886 à Cuba ! Certes, Soulouque n'est pas un théoricien, et parler d'une vision panafricaine dans son cas est exagéré. Mais il invite les Noirs de Louisiane à émigrer en Haïti. Et la Constitution impériale, qui dénie la citoyenneté et le droit de propriété aux Blancs, offre à toute personne d'origine africaine ou amérindienne de s'établir en Haïti.

D'ailleurs, certains journaux américains de l'époque craignent qu'Haïti constitue la base d'une confédération noire regroupant les populations esclaves ou affranchies des Caraïbes. De fait, les insurgés de 1849 à Sainte-Lucie incendient le palais du gouverneur au cri de « Vive Soulouque ! » Celui-ci se montre par ailleurs extraordinairement indocile sur le plan diplomatique. Gustave d'Alaux, qui sait bien de quoi il parle, écrit que la diplomatie haïtienne est « la plus terrible et la plus harassante [de toutes] ».

Il convient enfin de replacer la figure de Soulouque dans le cadre des relations complexes entre Haïti et la France.

La presse européenne se moque sans retenue de Soulouque quand il se proclame empereur. On considère qu'il singe Napoléon et il a droit à un traitement tout à fait spécial dans la presse et la caricature françaises de l'époque. C'est oublier que si Soulouque, et avant lui Dessalines en septembre 1804 et le roi Christophe en 1811, ont ceint la couronne, c'est justement en s'inspirant du général putschiste français qui s'est proclamé empereur en mai 1804. Curieusement, on reprochera aussi à Napoléon III d'avoir singé Faustin Ier. Ainsi Victor Hugo écrit au début de *Napoléon le Petit :* « L'Europe riait de l'autre continent en regardant Haïti quand elle a vu apparaître ce Soulouque blanc. » Un étonnant jeu de miroir.

« LE SEUL VRAI ROI DE CE SIÈCLE »

Par Nicolas Carreau

Louis II de Bavière
(1845-1886)

Louis II de Bavière vu par un psychiatre: c'est le titre de l'une des biographies consacrées au roi de Bavière. Premier indice, l'homme n'est sans doute pas très stable psychiquement. Comme pour étayer le diagnostic, on rappelle toujours, lorsque l'on évoque sa mémoire, qu'il est mort avec son psychiatre, justement, noyés tous les deux dans le lac de Starnberg. Cette fin, dans des circonstances mystérieuses, n'a fait qu'ajouter au mythe, à la légende. Louis II est devenu définitivement un personnage de contes.

Mais était-il si fou que cela, Louis II ? Fantasque, extravagant, sans doute. Il nourrissait en tout cas une forme de folie, mais de folie romantique. Il n'est qu'à admirer ses châteaux dignes des contes de fées pour s'en convaincre. Louis II reste une énigme. Il en était conscient d'ailleurs : « Je veux rester un mystère pour moi-même et pour les autres. » C'est une enquête historique autant que psychologique.

Remontons d'abord à l'enfance, comme il se doit. Le premier traumatisme date de sa naissance même. Il naît sous le règne de Louis Ier, son grand-père. La princesse Marie de Prusse le met au monde le 25 août 1845. On le prénomme Othon, en l'honneur de son oncle, Othon de

Grèce. Mais il est 12 h 30, la même heure que la naissance de son grand-père. Et c'est le jour de la Saint-Louis ! Il est des signes qu'on ne peut tout de même pas ignorer. Ce sera donc Louis, mais l'enfant aura été Othon quelques jours et c'est son petit frère qui héritera finalement du patronyme. Son identité est donc un peu floue au commencement de sa vie. En voilà de la matière à psychanalyse.

Et il n'en manque pas. Allons-y pour le sentiment d'abandon, par exemple. La nourrice du petit Louis, huit mois, meurt emportée par la fièvre typhoïde. Louis tombe malade dans la foulée, peut-être – on n'a jamais su – contaminé par le même mal. Certains spécialistes pensent que cet événement médical pourrait être à l'origine de son comportement psychique ultérieur.

Une dynastie de névropathes

Et pour parachever le tableau, l'héritage familial, côté paternel. Les Wittelsbach regorgent de souverains quelque peu décalés. L'historien Jacques Bainville rappelle que « la Bavière a toujours été gouvernée par des névropathes »... Nul besoin d'ailleurs de remonter l'arbre généalogique jusqu'au premier duc de Bavière, Othon de Wittelsbach. Louis Ier avait son petit grain qui se traduisait notamment par la folie constructrice : « Je n'aurai de cesse que Munich ressemble en tous points à Athènes», disait-il. Le même Louis Ier s'illustra par son aventure amoureuse et obsessionnelle avec une aventurière, Lola Montès, qu'il gâta au-delà du raisonnable. Cette affaire, ce scandale, provoqua une émeute en 1848, le peuple voulant chasser la drôlesse.

C'est dans ce contexte propice à l'extravagance que Louis grandit et que son caractère s'affirme. Mais pas dans le sens que sa future charge commande. Déjà, son entourage observe que le garçon n'est pas taillé pour son destin. C'est un rêveur, un sensible, un émotif à tendances mélancoliques, qui s'ennuie vite. Inutile de lui parler stratégie militaire ou diplomatie, il a du mal à se concentrer sur quoi que ce soit d'autre que les arts. Il est servi d'ailleurs. Il est élevé dans un décor baroque, bercé par les légendes germaniques. Jean des Cars, dans son impeccable biographie de Louis II, note l'importance de cet environnement: «Toute sa vie, il vivra dans le carton-pâte, la machine d'opéra, les trompe-l'œil et les perspectives. Ce cadre aura une influence considérable sur sa personnalité au point qu'il engendrera ses premières obsessions dont les résonances ne feront que s'amplifier avec l'âge.»

L'adolescent verse tour à tour dans la mélancolie, voire la dépression, et parfois dans une violence irraisonnée. Son précepteur, Théodore de La Rosée, consigne: «Il faut lutter constamment contre sa mélancolie. J'essaie de l'empêcher de s'attarder aux impressions désagréables et de faire en sorte qu'il les ressente le moins profondément possible. » Un autre jour, Louis se rue sur son frère, Othon, le roue de coups et le ligote des pieds à la tête. Il s'en faut de peu pour qu'il l'étrangle. Admonesté, il répond : « J'en ai le droit. C'est mon vassal. » Plus tard, l'un de ses secrétaires raconte que, au milieu de la lecture d'un rapport assommant d'ennui, peut-être pour tuer le temps, ou pris d'un accès de folie, Louis II s'empare d'un revolver posé à côté de lui et vise le secrétaire. Ce dernier, d'un calme qui force l'admiration, se contente de dire mollement : « Votre Majesté n'aurait pas le courage de tirer. » Et Louis II repose l'arme, calmement.

Au moins se console-t-on de son état en constatant qu'il peaufine sa position de chef tout-puissant. Il est d'ailleurs fasciné par Louis XIV. Il débaptisera le château de Linderhof, qui sonnait mal selon lui, pour un nom énigmatique : Meicost-Ettal, l'anagramme de « L'État, c'est moi ». Un autre jour, il congédie une dame entreprenante par un : *« Noli me tangere »* (Ne me touche pas).

Peut-être est-ce pour échapper à son tempérament ou à l'avenir qui l'attend, mais très jeune, Louis se réfugie dans le merveilleux, dans les légendes. Il se passionne pour les tragédies germaniques, l'obscurité de leur dénouement, la noirceur de leur atmosphère. Et, le jour de ses 16 ans, il retrouve tout d'un coup, et avec quelle force et quelle intensité, tous les tableaux qu'il affectionne dans un opéra. À Munich, il assiste à *Lohengrin* d'un certain Richard Wagner. Le moins que l'on puisse dire, c'est que la représentation lui fait forte impression : « Le corps du prince fut secoué de spasmes véritables. C'était si violent que je redoutais une crise d'épilepsie », écrit La Rosée. C'est le début de la passion irrépressible pour Wagner que Louis rencontrera bien plus tard.

« Le roi jeune fille »

Il n'a pas vingt ans lorsqu'il devient roi. Il en a l'allure, il ressemble à un personnage de conte ou des légendes qu'il aime tant, le peuple est fier de ce beau roi, mais c'est un souverain encore un peu trop jeune et trop fragile. Il est surnommé « le roi vierge » ou « le roi jeune fille ». Un roi avec de drôles de manières. Il déteste les corvées de la cour, se refuse au jeu social qu'on lui impose. Son homosexualité se révèle rapidement un problème aussi, pas moins que son goût pour la solitude et la mélancolie. Mais son attirance pour les hommes ne compte évidemment pas quand il s'agit du devoir royal. Il faut bien le marier, ce roi. Or, Louis préfère mourir plutôt que de s'unir à une femme. On ne lui demande pourtant pas de l'aimer ni même de vivre à ses côtés, mais de respecter les formes et surtout de donner un héritier à la Bavière. C'est Élisabeth d'Autriche, Sissi, sa chère cousine, qui réussit à le convaincre d'épouser sa sœur, Sophie. Si c'est pour Sissi, alors d'accord. Soulagement général. Les fiançailles sont proclamées et, mon Dieu, qu'ils sont beaux sur les photos officielles, un vrai couple royal. Il n'y pas beaucoup d'efforts à faire d'ailleurs. Sophie est la plus gentille des femmes, elle est enjouée et a compris qu'il fallait se garder d'être trop entreprenante auprès de son futur mari. Las, le destin s'en mêle. Louis tombe malade, il est bientôt incapable de sortir de sa chambre. C'est grave, manifestement. Pourtant, les meilleurs médecins dépêchés à son chevet ne détectent rien d'anormal. Étrange. De toute façon, le mariage est annulé. Comment faire autrement? « Je suis débarrassé de Sophie, dit le roi. Je revis après ce cauchemar épouvantable. » Et, en effet, le roi est ressuscité, il tient la forme! On ne sait s'il s'agissait d'une simulation ou d'un effet psychosomatique, mais le roi va mieux. Déjà, on murmure que le roi est fou. Le reste de son règne sera observé par ce prisme et tout deviendra symptôme.

Démesure wagnérienne

Son amour de Wagner ne l'a pas quitté. L'historien Jacques Bainville pense même qu'« il ne désire la couronne que pour venir en aide à son héros ». Le compositeur peine alors à payer ses dettes et à accéder à la gloire qu'il pense mériter. Louis II veut absolument devenir son mécène, mais Wagner ignore qu'il est dans les bonnes grâces du roi de Bavière. Pour l'instant, il se cache de ses créanciers. L'envoyé du roi a toutes les peines du monde à le trouver, en Allemagne d'abord, puis en Suisse. Wagner refuse même de lui ouvrir sa porte, avant de céder. Il reçoit alors, de la main du serviteur de Louis II, une lettre et un rubis. Immédiatement, Wagner saisit l'occasion et s'installe en Bavière.

C'est le début d'une amitié exaltée entre les deux hommes. Louis II appelle Wagner « l'Unique » et les lettres qu'ils s'échangent sont dignes d'une passion amoureuse. Mais ce mécénat est un gouffre. Les opéras de Wagner réclament des moyens colossaux et Louis II est trop content de dépenser pour son art. Il va jusqu'à construire le palais des festivals de Bayreuth, conçu spécialement pour la démesure wagnérienne. Le peuple, malgré l'admiration et l'amour qu'il porte à son roi, commence à regarder le compositeur d'un mauvais œil. Il faut une émeute, comme pour Lola Montès, pour que Louis II entende raison et se débarrasse de l'étranger qui fait trop ostensiblement valoir sa fortune.

Décidément, le peuple ne partage pas toujours les passions du roi. Pourtant, il aime son souverain, même si Louis II ne le paie guère de retour. Le roi est un misanthrope, un solitaire.

Il n'y a pas de cour en Bavière. Louis déteste toute forme de mascarade sociale, pour ne pas dire toute forme de société. Âgé d'une trentaine d'années, il participe, de bon cœur pour une fois, à un dîner de famille, à Hohenschwangau. Tout se passe à merveille jusqu'à l'annonce d'une visite impromptue, celle de son cousin, un grand-duc autrichien. D'un seul coup, l'enthousiasme de Louis tombe. Il se ferme. Puis, il se lève et sort. Il quitte même la maison et se fait conduire à Steingaden. Il y passe la nuit et revient à Hohenschwangau seulement quand il se fait confirmer que l'importun est parti. Pourtant, il ne nourrissait aucune inimitié particulière envers ce cousin. Simplement, il eût fallu converser, faire montre de brio, socialiser en somme. L'exercice lui répugne, il hait les courbettes de cour, les réceptions trop grandes, les mondanités. Du reste, il ne sait pas dissimuler son agacement devant un invité qui lui déplaît. Peut-être vaut-il mieux lui éviter ces contacts sociaux. Louis est un roi qui voudrait se passer des corvées officielles et des cérémonies. La foule l'indispose. Lors de certains dîners, il fait placer devant lui des fleurs pour le dérober au regard des autres, mais pour lui éviter aussi de voir ses convives !

Au-delà des obligations royales, il méprise plus largement toute forme de bêtise ou de vulgarité, il dédaigne les fats qui n'ont aucun goût pour l'art et font des manières. Il est le contraire d'un snob. Il ne supporte pas les nobles tartuffes de l'art, qui mettent en avant un pauvre vernis culturel. En revanche, il admire et respecte le brave paysan ou le valet franc et clair. Il n'est pas rare, d'ailleurs, de le voir écluser quelques chopes de bières avec les bûcherons du coin.

Sa folie prend parfois des allures plus flagrantes quand, un jour, à table, il est surpris en pleine conversation, bien qu'il soit seul attablé. C'est qu'il discute avec ses amis : Louis XVI et Marie-Antoinette ! Sont-ce là des hallucinations d'aliénés ou une fantaisie, un refuge dans le monde imaginaire qu'il préfère à la réalité brute ? En tout cas, il est conscient de ses troubles : « En vérité, il y a de certains moments où je ne jurerais pas que tu n'es pas fou », dit-il en se parlant à lui-même.

Châteaux de contes de fées

Autre symptôme, et d'une tout autre échelle : sa passion pour les châteaux. Louis n'aime que les arts, c'est entendu, mais c'est un artiste sans œuvre. Il est mélomane, oui, mais pas spécialement doué pour la musique ni pour d'autres formes d'expression artistique. On peut voir dans sa conception des châteaux une forme de pratique artistique.

En 1868, il entreprend la construction du château de Neuschwanstein sur un éperon rocheux : un chantier colossal, puisqu'il s'agit tout de même de faire sauter la montagne à la dynamite pour abaisser le socle de huit mètres ! Louis II s'inspire du château de Pierrefonds et mélange deux époques et deux styles : néogothique et médiéval. C'est ce qui donne cet étonnant palais, digne d'un conte de fées. Walt Disney a d'ailleurs repris cette idée pour son château de la Belle au bois dormant.

Puis, c'est Linderhof en 1874. Cette fois, Louis II a la très modeste ambition de transformer un vieux relais de chasse en une copie du Petit Trianon. Inutile de préciser que Wagner y est omniprésent, comme dans la « grotte de Vénus » artificielle, censée faire référence à *Tannhäuser*.

Et enfin, voilà le château d'Herremchiemsee, une réplique de Versailles ! Les travaux commencent en 1878. Mais en 1886, à la mort du roi, ils seront toujours inachevés. C'est un gouffre financier, la plus grande folie de Louis II.

Plus le temps passe, plus Louis s'enferme dans la solitude. Il fuit surtout les fâcheux, les précieux, les beaux esprits et les cultivés. Il se réfugie chez ses amis domestiques ou paysans tyroliens. Il ouvre parfois son palais à des quidams qu'il aime bien, il déguise toute une journée un paysan en prince et le traite comme tel. Il s'amuse avec eux à boire de l'hydromel à même une corne. Ses contemporains y voient de la folie, mais il joue en fait, il s'amuse, il fait de sa vie un théâtre, même si la frontière entre l'innocence d'un quadragénaire excentrique et la folie est mince.

Parfois, pourtant, la chose est grave. On a accusé Louis II d'avoir tué un domestique, involontairement sans doute, en le serrant entre deux portes dans un accès de colère, rapporte Jacques Bainville. Une autre fois, c'est moins grave, il ordonne à l'un de ses valets de porter un masque pour cacher sa laideur. Il appose un cachet de cire sur le front d'un autre pour signifier sa fermeture d'esprit.

Vers la destitution

Toutes les anecdotes, toutes les facéties du roi, tous ses mouvements d'humeur, sa garde-robe même, qui choque par son excentricité baroque, faite de couleurs chatoyantes et de fantaisies en tous genres, aigrettes et broches improbables – tout cela accumulé, empilé, compilé –, alimente le dossier de ceux qui veulent que le roi soit fou.

Sa paranoïa aussi. Mais celle-ci est-elle une cause ou une conséquence ? De plus en plus, certains ministres et hommes de pouvoir fomentent la destitution de Louis II. Même les paranoïaques ont des ennemis. Le roi se sent persécuté parce qu'il l'est ! Mais que lui reproche-t-on vraiment ? Les affaires de Bavière sont administrées convenablement. Il ne commet pas de bévues diplomatiques, n'est pas belliqueux, tant s'en faut. Certes, il dépense beaucoup trop. Pour ses châteaux et ses spectacles. Mais a-t-on accusé Louis XIV d'être fou ?

C'est pourtant l'argent qui risque de le perdre. Les caisses sont vides et les dettes s'accumulent. Les ministres s'échauffent et commencent à faire des remontrances au roi. Alors, Louis II s'énerve et les menace de remplacer son conseil par son coiffeur et ses domestiques. C'est une plaisanterie, une façon de faire passer un message, un geste littéraire. Mais l'excuse est trop bonne : c'est décidé, le roi est fou. Il doit être déposé. Et le prince Luitpold, son oncle, se tient en embuscade. Pour réussir ce coup d'État, il faut d'abord officialiser la folie du monarque. On réunit donc un cénacle de spécialistes des maladies mentales qui rédige un certificat le 8 juin 1886 – sans même avoir vu Louis II ! Leurs conclusions pourtant sont claires : « Nous déclarons à l'unanimité : 1° Que l'esprit de Sa Majesté le roi est parvenu à un état de trouble très avancé ; que Sa Majesté souffre de cette forme de maladie mentale, bien connue par expérience des médecins aliénistes, et qu'on nomme "paranoïa". 2° Considérant la nature de cette maladie, son développement lent et continu, et sa longue durée, qui comprend déjà un assez grand nombre d'années, nous devons la déclarer incurable, et l'on peut même prévoir que, de plus en plus, Sa Majesté perdra Ses forces intellectuelles. 3° La maladie ayant complètement détruit, chez Sa Majesté, l'exercice du libre arbitre, il faut La regarder comme incapable de conserver le pouvoir, et non pas pendant une année seulement, mais durant tout le reste de Sa vie. »

Les amis, les fidèles de Louis II lui enjoignent de se montrer au peuple, de se faire sauver par lui. Louis se trouve alors à Hohenschwangau tandis que la commission chargée de sa déposition marche vers lui. La nouvelle se répand et les paysans prennent fait et cause pour leur roi ; des troubles commencent à naître. Les délégués se présentent à la porte du château. Louis a donné l'ordre de n'ouvrir sous aucun prétexte, et à personne. La légende raconte qu'une vieille dame est là, elle veut sauver son souverain et elle menace de son parapluie les envoyés du gouvernement. Finalement, Louis II l'emporte. Les commissaires sont arrêtés et Louis II, fou de rage, aurait lancé : « Qu'on les jette aux oubliettes ! » ce qui ne plaide pas pour son équilibre mental. Ils seront libérés au bout de quelques heures. Et Louis II sait qu'il n'a fait que gagner un peu de temps. Sa déposition n'est que retardée.

Le 11 juin, le docteur Gudden, accompagné de gendarmes, se rend chez le roi. Louis II menace de sauter du haut des tours et demande, en vain, à un valet de lui procurer du poison. Mais le roi est arrêté et le psychiatre lui déclare : « Sire, j'ai reçu aujourd'hui la mission la plus triste de ma vie. Quatre médecins aliénistes vous ont observé, et sur leur rapport, le prince Luitpold a pris la régence. J'ai l'ordre d'accompagner, cette nuit même, Votre Majesté au château de Berg. Si Votre Majesté l'ordonne, la voiture sera prête à partir à quatre heures. »

Désormais, ce roi si solitaire a interdiction de rester seul. Il parvient quand même à maîtriser sa colère et à rester digne, peut-être pour endormir la méfiance du docteur Gudden. Le 13 juin, les deux hommes partent seuls pour une promenade d'une heure dans le parc. Au bout de quelques heures, aucune nouvelle. On envoie des gendarmes les chercher. Mais rien. Finalement, sur les berges du lac, un domestique trouve le chapeau du roi et plus loin son manteau. À côté, le parapluie du médecin. On ne sait pas exactement ce qu'il s'est passé. Les deux hommes se sont sans doute battus, le docteur est mort et le roi se serait suicidé ou aurait succombé à une crise cardiaque.

C'est le frère de Louis II, Othon, qui devient roi. Mais lui aussi a été déclaré fou, il est interné depuis douze ans !

Louis II était-il réellement fou ? Il souffrait sans doute d'une forme d'autisme associé à une phobie sociale et à divers troubles psychologiques, comme le délire de persécution. Mais sa folie la plus ostentatoire était aussi la plus douce. Louis II était un amoureux des arts et a voulu faire de sa vie un spectacle, un conte, une légende, devenir un personnage irréel, se retirer dans l'imaginaire. C'est l'incompréhension de ses ministres et de son entourage, le décalage entre sa fonction et sa personnalité qui ont fait de lui un roi fou.

Cette folie a donné ces châteaux fabuleux, qui participent aujourd'hui encore de l'éclat de la Bavière. Finalement Louis II, fou ou non, était bel et bien, comme l'écrivit Verlaine, « le seul vrai roi de ce siècle ».

LE GRAND COSMÉTIQUÉ

Par Bruno Fuligni

je suis le président de la République !
enchanté. je suis l'empereur des canards.

Paul Deschanel
(1855-1922)

Un président fou pour les Années folles ? Les députés et sénateurs français n'ont pas conscience de choisir ainsi quand, réunis le 17 janvier 1920 à Versailles, ils élisent Paul Deschanel à la présidence de la République, par 734 voix sur 888 votants. Jamais un président de la IIIe République n'avait été aussi bien élu : il s'agissait de faire barrage à Clemenceau, il est vrai, dont l'éternel rival, Aristide Briand, avait gaillardement savonné la planche.

La République parlementaire, en effet, parce qu'elle se souvenait du coup de force de Louis-Napoléon Bonaparte le 2 décembre 1851, ne voulait à aucun prix d'une personnalité forte à l'Élysée. Clemenceau lui-même, en 1887, avait fait élire le fade Sadi Carnot en proclamant : « Je vote pour le plus bête ! » Le voici victime de sa propre jurisprudence quand, au départ de Raymond Poincaré, au début de l'année 1920, il songe imprudemment à la magistrature suprême.

Au lieu du « Tigre » encore auréolé de la Victoire de 1918, ce fut donc un chat angora que choisirent les parlementaires, bien certains que cet homme d'une extrême correction ferait patte de velours. Pour la droite, il était favorable à la reprise des relations diplomatiques avec le Vatican, au contraire du leader radical, resté farouchement anticlérical ; pour la gauche, le candidat n'en présentait pas moins tous les gages possibles de républicanisme et de discernement, à l'issue d'une carrière exceptionnelle.

Le premier-né de l'exil

Paul Deschanel est né le 13 février 1855 à Schaerbeek, en Belgique, dans la banlieue de Bruxelles : il est le fils d'Émile Deschanel, professeur de lettres et écrivain républicain qui a fui le coup d'État de 1851. Le petit Paul est même le premier « enfant de la proscription », ce qui lui vaut d'avoir un grand nom pour parrain : Victor Hugo. L'historien et ancien représentant du peuple Edgar Quinet salue « le premier-né de l'exil ». Toutes les fées barbues de la République se sont penchées sur le berceau de ce garçon qui va devoir incarner les espoirs de sa génération politique.

Après la chute du Second Empire, en 1870, les républicains rentrés d'exil forment l'aristocratie du nouveau régime : Paul a tout juste 15 ans. Il admire Gambetta, dont il écrira plus tard la biographie. Sous-préfet à 22 ans, il est élu en 1885 député d'Eure-et-Loir à 30 ans ; il le restera pendant trente-cinq ans, devenant membre de l'Académie française en 1899 et président de la Chambre de 1898 à 1902, puis de 1912 à 1920.

Autant dire que Paul Deschanel n'a rien d'un fantaisiste. En 1914, du Perchoir, c'est lui qui prononce l'éloge funèbre de Jean Jaurès, lui qui annonce le déclenchement de la Grande Guerre, tout comme il donnera la parole à Clemenceau pour annoncer l'armistice, dans la séance historique du 11 novembre 1918. Tout au long de sa carrière, l'enfant prodige de la République joue son rôle impeccablement, avec distinction et un sens inné du protocole.

Le néant sans phrase

Ses adversaires politiques n'ont d'autres ressources que de railler, justement, son excès de rectitude et son absence totale d'aspérités. « On voudrait, pour la raison comme pour la pudeur, médire ici de M. Paul Deschanel : mais la chose ne se peut. Il n'est, sur son compte, ni bien ni mal à exprimer. C'est le néant sans phrase, le vide absolu. Il préside la Chambre où nul de ses prédécesseurs n'aura incarné au même degré la médiocrité des Assemblées délibérantes. […] Le pédantisme hilare du Sorbonnard avec je ne sais quoi du perruquier en belle humeur, tel se fait voir le Deschanel quand il pommade », ironise ainsi le polémiste Laurent Tailhade dans *À travers les groins,* en 1899. On est alors en pleine affaire Dreyfus et Jaurès lui-même, à la Chambre des députés, le 23 janvier 1903, estime que son collègue Deschanel se montre bien trop discret dans la bataille : « Depuis quatre ans les circonstances ont tenu M. Deschanel un peu en marge de la rude bataille que les républicains livraient pour la liberté, pour la vérité et pour l'honneur. *(Applaudissements à l'extrême gauche et à gauche.)* Dans ce grand drame dont il a dit lui-même qu'il avait déchiré la conscience nationale, il se peut que dans sa conscience M. Deschanel ait pris parti, mais nul n'en a jamais rien su. *(Applaudissements et rires sur les mêmes bancs.)* Peut-être était-il au-dessus de la bataille, mais c'est encore un moyen d'être en dehors. *(Nouveaux rires.)* »

Dans la revue illustrée *Les Hommes du jour* du 26 juin 1909, un caricaturiste représente l'élégant Deschanel en gravure de mode, tandis que l'anarchiste Victor Méric, qui signe « Flax », le décrit en ces termes incisifs : « L'homme poupée. Le Grand Cosmétiqué. Mannequin articulé, marchant et parlant, exécutant des pirouettes et des courbettes, levant les mains, saluant, souriant, répétant à la perfection tous les gestes humains. En vente au grand bazar bourbonien au prix de quinze mille francs[1]. Garanti quatre ans. N'a rien fait, rien dit, rien laissé, rien tenté, rien promis, rien voulu, et, pour cela, plusieurs fois président de la Chambre, membre de l'Académie, comblé d'honneurs

1 Montant de l'indemnité parlementaire à l'époque.

et de fonctions. Le plus vide et le plus reluisant de nos politichinelles. »

L'habitude se prend de l'appeler « Poldéchanel », en réminiscence de Polichinelle, mais peu lui en chaut : lui reste immuablement correct, multipliant les lettres, petits mots, interventions, discours, en professionnel de la politique qui répond à toute sollicitation avec une exquise courtoisie, sans s'engager inutilement pour autant.

C'est justement ce caractère lisse qui lui ouvre les portes de l'Élysée, en 1920 ; mais l'heureux élu, à peine parvenu à la présidence de la République, semble pris de vertige et adopte des attitudes bizarres.

Les pieds propres

Les archives filmographiques Pathé conservent un étonnant reportage, tourné dans les jardins de l'Élysée : quelques minutes de cinéma muet, tenant plus de Buster Keaton que des actualités politiques, montrant le nouveau président de la République marcher d'un pas étrangement mécanique, en habit de cérémonie, un haut-de-forme sur la tête ; à plusieurs reprises, il se découvre, donnant l'impression de saluer les arbres… Peut-être s'agit-il d'un bout d'essai, peut-être adresse-t-il son salut à la France, mais la séquence paraît curieuse quand on sait que des plumitifs accuseront bientôt le président de grimper aux mêmes arbres…

Le fait, d'ailleurs, n'a jamais été prouvé, non plus que cette manie de signer « Napoléon » les actes officiels présentés à lui… Beaucoup de légendes entourent encore cette singulière présidence mais trois fantaisies au moins sont absolument certaines historiquement.

La première alerte survient à Nice, en avril 1920, lorsque le chef de l'État, grisé par un accueil chaleureux, lit deux fois son discours…

Puis survient, dans la nuit du 23 au 24 mai, l'impensable volatilisation du président de la République, parti pour Montbrison dans le train présidentiel. Paul Deschanel est allé présider l'inauguration d'un monument patriotique, élevé à la mémoire du sénateur aviateur Émile Reymond, mortellement blessé le 21 octobre 1914 en survolant les lignes allemandes. « Ce soir-là, raconte le commissaire Faralicq dans ses Mémoires, il fut comme toujours, sobre de gestes et de paroles, mais il parut plus fermé, plus distrait, moins souriant que d'habitude. Il paraissait préoccupé, ennuyé, souffrant. Tous les spectateurs en furent frappés. On mit ça sur le compte de la fatigue imposée par ses nouvelles fonctions. On était à cent lieues de prévoir ce qui allait se passer et qui démontra qu'un président de la République voyageant au milieu d'une nombreuse escorte était plus isolé, plus abandonné que le commun des mortels. »

À dix heures du soir, le président de la République se retire dans ses appartements : un wagon privé, luxueusement aménagé en chambre, dans le goût chargé de l'époque. Ordre est donné de ne pas le réveiller avant sept heures du matin.

Or, quand le train arrive à destination, stupeur du ministre de l'Intérieur, Théodore Steeg : le président ne répond pas. On pénètre dans le wagon, croyant à un malaise, mais la voiture est vide ; une fenêtre grande ouverte laisse redouter le pire.

Vers minuit, en effet, en pyjama, Paul Deschanel s'est senti incommodé par la chaleur ; oppressé, voulant à tout prix respirer l'air pur, il ouvre l'une des fenêtres de son appartement roulant. Brusque soubresaut du train ? Maladresse ? Acte désespéré ? Voici qu'il perd l'équilibre et tombe sur la voie, en pleine campagne, à six kilomètres de Montargis…

Le président aurait fort bien pu se tuer, s'il y avait eu un poteau ou si le train avait roulé à pleine vitesse. Sa chute intervient heureusement à la faveur d'un ralentissement, dans un virage, sur un terrain sablonneux qui amortit sa chute.

« Un poseur en tournée, M. Radeau, l'avait presque aussitôt rencontré marchant sur le bas-côté, en direction de Paris et mené chez le garde-barrière Dariot dont la maisonnette, le poste 78, était à trois cents mètres de là », résume Gaston Faralicq, qui ne signale pas cet échange légendaire :

— Je suis le président de la République.

— Bien sûr ! Et moi, je suis la reine d'Angleterre !

« Prévenu, le sous-préfet de Montargis vint en automobile y chercher le président qui, soigné par les braves gens qui l'avaient recueilli, avait repris tous ses sens. Cependant, le train présidentiel continuait imperturbablement sa course vers Montbrison, personne ne s'étant ému d'un télégramme parvenu dans la nuit annonçant la découverte sur la voie d'un voyageur légèrement blessé, disant être M. Deschanel. La nouvelle apparaissait invraisemblable. Il était délicat de violer la consigne très stricte qu'il avait donnée, et il était impossible de vérifier sa présence si l'on ne pénétrait dans la partie du wagon qu'il occupait au centre, composée d'un petit cabinet de travail, d'une chambre et d'une toilette, encadrée par les chambres de l'officier de service à droite et du valet de chambre à gauche. Mais, à 7 heures, le valet de chambre trouva la chambre vide ! Ce fut l'affolement général et le train stoppa. »

Le ministre de l'Intérieur n'a plus qu'à prononcer le discours d'inauguration à la place du chef de l'État, momentanément empêché. Impossible en revanche de dissimuler la nouvelle à l'opinion, qui s'esclaffe. Ce président qui chute du train présidentiel met en joie les chansonniers :

> Il n'a pas abîmé son pyjama.
> Il est verni l'chef de l'État.

Bientôt les reporters se succèdent à la petite maison du garde-barrière, qui prononce cette phrase historique : « J'ai tout de suite vu qu'il était de la haute : il avait les pieds propres. »

Humilié au moment de l'élection présidentielle, Clemenceau jubile : « Tombé du train, M. Deschanel ? Ça ne m'étonne pas, il a toujours été pressé d'arriver… »

La mare aux canards

Quant au principal intéressé, d'abord conduit et réconforté dans les appartements du sous-préfet de Montargis, il a clairement besoin de repos. Déprimé, ne répondant que par monosyllabes aux questions que lui posent sa femme, son fils et le président du Conseil, Alexandre Millerand, accourus de Paris, il séjourne quelque temps au calme dans le château de la Monteillerie, entre Lisieux et Pont-L'Évêque, en Normandie. Puis, à l'été, son état semble s'améliorer : il achève sa convalescence à la Malmaison, dans l'ancienne demeure de Joséphine de Beauharnais transformée en maison de santé.

Deschanel paraît presque en état de réintégrer l'Élysée, où s'entassent les parapheurs, quand, se promenant dans le parc, il se sent irrésistiblement attiré par l'eau d'un bassin où s'ébrouent quelques sympathiques palmipèdes. On y retrouve bientôt le président de la République les pieds dans l'eau, barbotant absurdement dans la mare aux canards.

À cette troisième facétie, son entourage comprend que la cause est perdue. Aucune procédure d'empêchement n'étant prévue dans les lois constitutionnelles en vigueur, on fait signer au malade une lettre de démission, le 21 septembre 1920. Élu pour sept ans, Paul Deschanel n'aura régné que sept mois.

Alexandre Millerand lui succède à l'Élysée et c'est alors que se produit un véritable miracle : libéré des affres de la magistrature suprême, Paul Deschanel redevient l'aimable notabilité qu'il a toujours été… Les maires d'Eure-et-Loir l'élisent même au Sénat, où il siège tout à fait normalement jusqu'à son décès, le 28 avril 1922.

Que s'est-il passé dans la tête de Paul Deschanel, quand il a accédé à la présidence de la République ? La solitude du pouvoir, l'absence de toute tutelle au-dessus de son droit souverain lui ont-elles donné le tournis ?

La vacuité de la fonction présidentielle, dans un régime parlementaire, aurait-elle induit une grave dépression chez cet homme qui avait voué son existence à ce but dont il percevait brusquement l'inanité ? Souvent raconté sur le mode plaisant, l'épisode du train laisse place à la théorie du suicide manqué : « Je vis à son arrivée à Paris le wagon présidentiel, témoigne le commissaire Faralicq, chargé de la gare de Lyon. De la fenêtre du cabinet de toilette pendait lamentablement au dehors le rideau de toile, tel qu'il était après le passage du corps, froissé, arraché, tordu. Le simple examen de cette fenêtre, dite à "guillotine", dont la partie supérieure est fixe, et dont la partie inférieure, très étroite, peut seule se relever suffit à caractériser "l'accident". M. Deschanel dut faire des efforts très grands pour passer par cette ouverture et tomber dans le vide, et sa chute semble due à un accès de somnambulisme ou de neurasthénie. Dramatique échouement sur le ballast par une nuit obscure, d'un homme supérieurement doué, parvenu au faîte des honneurs, à qui tout semblait sourire en ce monde !… »

Ces péripéties ont par ailleurs fait oublier que Paul Deschanel avait des idées de réforme. En particulier, il se proposait d'instituer une vice-présidence de la République – en cas de vacance du chef de l'État…

LE SAIGNEUR DE MONGOLIE

Par David Alliot

U

Roman Fiodorovitch von Ungern-Sternberg
(1885-1921)

Février 1917, la dynastie des Romanov s'effondre et la Russie éternelle sombre dans le chaos. Mal préparée, mal engagée, et surtout mal conduite par des officiers incompétents, la Première Guerre mondiale sonne le glas de la monarchie. À Petrograd (Saint-Pétersbourg), la république est proclamée. Mais si Kerensky et son gouvernement entendent bien honorer leurs alliances avec la France et l'Angleterre en poursuivant la guerre contre l'Allemagne, à l'intérieur de ce vaste État-continent, naguère tenu d'une main de fer par un régime absolutiste, des forces politiques contraires s'agitent, voire s'affrontent ouvertement. En octobre de cette même année, c'est au tour du régime parlementaire de tomber sous les coups de boutoir des bolcheviks, qui prennent le pouvoir dans l'ancienne capitale des tsars. Désormais, deux camps irréconciliables s'affrontent. D'un côté, les Blancs, soutenus par les Occidentaux, et favorables à la monarchie ; de l'autre, les Rouges, les partisans de Lénine qui souhaitent instaurer le communisme dans le pays. Entre les deux adversaires, la lutte pour le pouvoir est sanglante, sans pitié aucune pour le camp ennemi. Une guerre civile qui s'étendra des plaines de Pologne jusqu'aux confins du lac Baïkal…

Un chevalier teutonique

Curieux destin que celui de Roman Fiodorovitch von Ungern-Sternberg, que la guerre entre les Blancs et les Rouges va propulser au premier rang et faire entrer de plain-pied dans la légende. Pourtant, la guerre, dans cette famille, on sait ce que c'est, et depuis plus de mille ans. Vieille lignée aristocratique germano-balte, les Ungern-Sternberg remontent aux chevaliers teutoniques et servent les maîtres de la Baltique depuis le XIIe siècle, Allemands d'abord, Suédois ensuite. Avec la conquête de l'Estonie par les Russes au XVIIe siècle, les Ungern-Sternberg mettent leur épée au service des Romanov, qu'ils servent avec une loyauté absolue.

Toutefois, son père, Théodor von Ungern-Sternberg, passe pour un original dans cette caste aristocratique. Érudit et cultivé, c'est un intellectuel, docteur en philosophie et, chose rare pour l'époque, il a longuement parcouru l'Extrême-Orient. En 1880, c'est d'ailleurs au cours d'un voyage, en Allemagne cette fois, qu'il rencontre sa promise, Sophie-Charlotte von Wimpffen, une aristocrate du Wurtemberg. C'est dans cette famille de haute souche que, cinq ans plus tard, va naître Roman Fiodorovitch, le 29 décembre 1885 à Graz, en Autriche, au cœur de l'Empire austro-hongrois.

On ne sait pas grand-chose des premières années du jeune homme dans le château familial près de Reval – aujourd'hui Tallinn en Estonie –, confié aux soins d'un précepteur, où, sans l'ombre d'un doute, il a été élevé dans le culte de ses ancêtres – dix-huit générations de guerriers – avec le sens du devoir et du sacrifice qui allait avec. Mais à ses cinq ans, ses parents divorcent, et quatre ans plus tard, sa mère se remarie avec un autre baron, allemand cette fois. À huit ans, le jeune homme entre au Gymnasium où on le prépare aux métiers de la guerre. La rude discipline militaire de l'établissement ne rebute pas le jeune Roman, bien au contraire. Chez les Ungern-Sternberg, le respect de l'ordre établi et l'obéissance sont presque une seconde nature… Les études le passionnent également. Le futur baron excelle en escrime, en équitation, en mathématiques et en langues vivantes, un héritage de la branche paternelle. C'est ainsi qu'il peut lire et s'exprimer sans difficulté aussi bien en allemand, en russe, en français qu'en anglais… Plus tard, le bouriate et le mongol s'ajouteront à sa collection.

Steppe by steppe

Malgré une bonne scolarité, les premiers traits de caractère du futur « baron fou » commencent à poindre. Le jeune homme est solitaire, brutal, susceptible et indépendant d'esprit, avec une tendance à n'en faire qu'à sa tête. Son attitude dénote également. Se considérant comme supérieur intellectuellement à bon nombre de ses camarades, il se lie peu d'amitié avec eux. Complètement indifférent aux biens matériels, comme à la nourriture, il l'est aussi envers les femmes, alors que bon nombre de ses camarades fréquentent régulièrement les bordels. Mystique, il est plus intéressé par les religions orientales que par la religion chrétienne, pourtant omniprésente chez les officiers. Seul point commun avec les autres élèves officiers russes, un certain goût pour l'alcool. La vocation d'Ungern-Sternberg, c'est de devenir officier de marine, mais la guerre russo-japonaise de 1904-1905 va contrarier ses plans. À peine âgé de dix-neuf ans, et donc trop jeune pour être mobilisé, le jeune Ungern s'engage comme simple soldat dans le 91e régiment d'infanterie basé en Mandchourie. Mais la nouvelle recrue arrive trop tard. Avec la défaite de Tsushima et la conquête de Port-Arthur par les Japonais, l'armée russe subit sa plus cuisante défaite, d'autant plus humiliante qu'elle a été causée par un peuple asiatique, considéré à l'époque comme inférieur à la race blanche. Le futur maître de la Mongolie saura s'en souvenir.

Sur place, l'apprenti chef de guerre ne peut que constater l'état déplorable de l'armée tsariste. Intendance lacunaire, recrutement indigent, discipline relâchée, moral des troupes au plus bas, commandement par des chefs inconséquents et incompétents, etc. Une litanie de carences que l'on retrouvera en 1914… Seule consolation, Ungern-Sternberg découvre cette Russie qu'il ne connaît que dans les livres, et cet Extrême-Orient slave que son père avait jadis visité.

Rentré à Saint-Pétersbourg après son escapade asiatique, le jeune aristocrate poursuit et achève sa formation. En 1908, le lieutenant Ungern-Sternberg est de retour en Asie, affecté en Transbaïkalie, à Tchita plus précisément, où il commande un corps de cosaques bouriates (Mongols vivant en Russie). Le mode de vie de ces cosaques est frugal, mais il plaît au Russe. La vie au grand air, la nuit sous une tente, ou à la belle étoile, faute de mieux : le jeune officier aime vivre avec sa troupe qui, en retour, apprécie ce commandant proche d'elle, qui s'intéresse à ses mœurs et à ses coutumes ancestrales. Affecté ensuite à Blagovechtchensk, il s'ennuie dans cette ville de garnison, située sur le fleuve Amour, à la frontière chinoise. Mais c'est là qu'il va assister aux premiers soubresauts de l'histoire contemporaine, qui débutent dans la Chine voisine.

En 1911, le dernier empereur de la dynastie Qing abdique, et la république est proclamée à Pékin. Les Mongols, profitant des troubles, proclament leur indépendance vis-à-vis de la Chine. Le *bogdö géghen* – chef spirituel et temporel bouddhiste, l'équivalent du dalaï-lama pour les Mongols – prend le pouvoir et fait chasser les militaires chinois d'Ourga, la capitale mongole. Depuis Saint-Pétersbourg, et en sous-main, la Russie soutient leurs aspirations séparatistes tout en se gardant bien d'intervenir. Déjà confrontés à de nombreux problèmes internes, les Romanov ont d'autres chats à fouetter que de déclarer la guerre à leur puissant voisin chinois, même affaibli. Toutefois, ils font tout pour favoriser l'émergence de ce nouvel État qui sert de tampon contre les ambitions japonaises dans la région. Piaffant d'intervenir et de se battre aux côtés des chefs mongols, le jeune lieutenant doit ronger son frein et attendre qu'une occasion se présente à lui.

La déclaration de guerre surprend Ungern-Sternberg alors qu'il est en permission dans le château familial en Estonie. La guerre ! L'élément naturel des Ungern-Sternberg. Presque leur raison de vivre ! Fort logiquement, il est des premiers combats sous les ordres d'un de ses parents, Pavel Karlovitch Rennenkampf, un aristocrate balte-allemand comme lui. Une fois de plus, le jeune militaire assiste à l'incurie et à la débâcle de l'armée russe. Si, par le nombre, le « rouleau compresseur russe » peut faire illusion, sur le terrain, c'est une catastrophe. Après les premières victoires, la défaite de Tannenberg marque la fin de l'avancée russe en Allemagne. En 1915, Ungern-Sternberg est en Galicie où, sous les ordres du colonel Wrangel, il se bat contre les troupes autrichiennes. À nouveau, le chef cosaque se fait remarquer par sa bravoure, ses blessures et… son indiscipline. Couvert de gloire et de médailles, il est envoyé à Tchita, en février 1917, auprès de l'ataman Semenov, un officier cosaque sans scrupules et avide de richesses, mi-russe, mi-bouriate, pour l'aider à créer un régiment de cavalerie mongole et le mener à la bataille contre les Allemands. Mais, sur place, rien ne se passe comme prévu. La chute du tsar et l'avènement de la république changent la donne. Les soldats ne veulent plus se battre et la population se soulève contre les propriétaires terriens. Tout le pays sombre inexorablement dans le chaos et l'anarchie. Rapidement, les idées communistes se diffusent et gagnent l'Extrême-Orient russe. La révolution d'Octobre sonne le début de la guerre civile entre les Blancs et les Rouges. Et, dans ce genre d'affrontement, soit on gagne, soit on meurt.

Le chef de guerre

Nommé chef d'état-major de Semenov, Ungern-Sternberg va se lancer à corps perdu dans la guerre contre l'ennemi bolchevik, notamment les espions à la solde de

Lénine qui sont traqués et inexorablement éliminés. Très vite, la réputation du « baron sanglant » court un peu partout à travers la steppe, tant les exactions sont nombreuses. Pur représentant de l'aristocratie, Ungern-Sternberg exècre l'idéologie communiste, son égalitarisme et, pire que tout, son athéisme. L'ataman Semenov partage son exécration, mais pour d'autres raisons. Son souhait est de fédérer tous les Mongols autour de lui et de créer un vaste État autour de Tchita, dont il assurerait le commandement.

Sous l'égide de Wrangel, une contre-révolution monarchiste s'organise, mais ni Ungern-Sternberg ni Semenov n'en font partie. Tous les deux sont soutenus par les Japonais, qui cherchent à recréer un vaste Empire mongol faisant écran entre le Japon, la Chine et la Russie. Pour aider les deux aventuriers, ils apportent subsides et matériel militaire. Sur le front intérieur, la situation évolue vite. À l'été 1918, après la défaite de Koltchak, les Rouges se rapprochent de la Sibérie et de Daouria, où s'est établi le baron balte, désormais à la tête d'une cavalerie mongole toute dévouée et qui fera trembler la région encore trois ans : la Division asiatique de cavalerie.

Cette Division, Ungern-Sternberg l'a créée de toutes pièces, en fédérant autour de lui un millier de cavaliers russes, mongols, bouriates, tibétains, kirghizes, kazakhs, tatars, et toutes les nationalités qui veulent se battre contre les communistes. Si, objectivement, le nombre de cavaliers est faible, leur férocité au combat est inversement proportionnelle. Ils sont dévoués corps et âme à cet homme sévère mais intègre, leur drapeau arborant un « U » noir sur fond doré. Pour les Russes, c'est le nom du chef de la Division asiatique de cavalerie, pour les Mongols, le symbole d'un fer à cheval. Pour eux, Ungern-Sternberg, la réincarnation du dieu-cheval, le « dieu de la Guerre » qui les mènera à la victoire…

Il faut dire que, depuis le début des affrontements, le baron balte a bien changé, physiquement comme mentalement. Vêtu comme un Mongol, il parle couramment leur langue et a adopté leur mode de vie nomade et ascétique. Mentalement, c'en est fini du baron balte qui se passionnait pour les sciences et les mathématiques. C'est désormais un chef de guerre exalté qui se rêve en nouveau Gengis Khan, voyant en l'Asie la possibilité de régénérer le monde, et surtout une Europe qu'il considère comme corrompue et dépravée.

Ungern Khan

En 1920, l'inexorable avancée des Rouges en Extrême-Orient russe oblige Semenov et Ungern à revoir leurs plans. Considérant la cause comme perdue, Semenov se réfugie en

Mandchourie et gagne le Japon pour vivre de son immense fortune, acquise au fil de ses pillages. De son côté, Ungern-Sternberg reste fidèle à ses idéaux en menant son armée à Ourga – aujourd'hui Oulan-Bator –, en Mongolie, de nouveau occupée par les troupes chinoises, pour libérer les Mongols de l'occupation de leur pays.

Depuis 1917, la situation a changé en Mongolie. Peu après la chute du tsar, le gouvernement chinois a profité des troubles chez son puissant voisin pour envahir la Mongolie qui avait proclamé son indépendance en 1911. Depuis 1918, Ourga était à nouveau aux mains des Chinois qui comptaient bien y rester, au moyen d'une solide garnison : 16 000 hommes équipés de mitraillettes…

Pour s'emparer de la cité, l'armée du baron Ungern se poste aux alentours de la capitale et fait abattre les poteaux télégraphiques. Pour tromper l'ennemi, des espions à la solde du baron font croire aux Chinois que la Division asiatique de cavalerie est trois fois plus importante que la garnison, et que des renforts arrivent de toute la Sibérie… Mais avant de prendre la ville, Ungern décide de libérer le *bogdö géghen,* prisonnier des Chinois et assigné à résidence dans son monastère. Alors qu'il est considéré comme un dieu vivant par les Mongols, sa libération serait un coup de force qui donnerait un avantage stratégique certain à Ungern et démoraliserait considérablement les Chinois.

Dans le plus grand secret, l'enlèvement est minutieusement préparé. Les meilleurs soldats sont sélectionnés et préparés. Des techniques que ne renieraient pas les troupes d'élite aujourd'hui. Ainsi, le 2 février, un commando d'une soixantaine de soldats tibétains, déguisés en lamas, parvient à s'introduire dans le monastère et s'empare du *bogdö géghen* tandis que les troupes d'Ungern sèment la panique dans les rangs des Chinois en leur tirant dessus à coup de canon.

La libération du *bogdö géghen* fait l'effet d'un coup de tonnerre à Ourga. Pour les Chinois, encerclés par une force qu'ils croient importante et commandée par un chef considéré comme invincible et capable de toutes les audaces, la peur change de camp. Le lendemain, dans l'impréparation et la confusion les plus totales, décision est prise d'évacuer la ville. Mais sans vivres et sans matériel de survie, cette fuite s'apparente à une mort certaine, dans les vastes plaines de Mongolie où le froid glacial est mortel en ces nuits d'hiver. C'est ainsi que, le 3 février 1921, les cosaques d'Ungern-Sternberg entrent dans Ourga, libérée à jamais de la domination chinoise. Seules quelques troupes regroupées autour du consulat de Chine se battent encore, mais sont rapidement exterminées. Presque sans combattre, Roman Fiodorovitch von Ungern-Sternberg est désormais le maître de la Mongolie. Son règne sanglant peut commencer.

Le seigneur d'Ourga

La prise de la capitale mongole offre au baron Ungern le moyen de ses ambitions. Dans un premier temps, l'accueil de la population est excellent. Russes et Mongols saluent leur libérateur. La ville regorge de vivres, d'armes en tous genres et de munitions. Les coffres de la banque de Chine débordent d'or, ce qui lui permet de financer son armée. La nouvelle de la libération du *bogdö géghen* et la prise de la ville retentissent à travers tout l'Extrême-Orient, et attirent à lui de nouvelles recrues qui erraient un peu partout à la recherche d'un chef pour se battre contre les Rouges.

Dans un premier temps, Ungern rétablit le *bogdö géghen* sur son trône et dans sa dignité. Mais personne n'est dupe de la situation. Si, officiellement, le chef de l'État est le guide spirituel des Mongols, et s'il fera toujours montre d'un grand respect à son égard, la réalité du pouvoir est exercée par Ungern en personne. Et ce dernier n'est pas du genre à s'encombrer d'un régime parlementaire et de députés, tant s'en faut. Devenu maître d'Ourga, et en bon officier russe antisémite, Ungern ordonne en premier lieu le massacre des juifs de la ville, qu'il considère comme des profiteurs et des espions à la solde des Soviétiques. Pour faire bonne mesure, des commerçants chinois, dénoncés par les Mongols pour leur rapacité, sont aussi exécutés et leurs têtes exposées sur la place principale. Mais pas question de voir l'anarchie se développer dans sa ville. Ungern tient à ce que l'ordre y règne et il le fait savoir. Un de ses soldats ayant volé un commerçant est immédiatement pendu à un réverbère. Des personnes soupçonnées à tort ou à raison d'être des agents soviétiques sont fusillées chaque jour. Les déserteurs subissent le même sort. Ainsi que les défaitistes. L'ordre doit régner à Ourga, de gré ou de force. Et le catalogue des punitions est particulièrement inventif. Du simple coup de bâton pour les plus chanceux à la pendaison publique pour les moins bien lotis. Est-il besoin de préciser que les jugements sont sans appel possible et que les avocats n'ont pas droit de cité ? Partout, la méfiance s'installe, la délation devient la norme. Des notables qui ont eu le malheur de critiquer les méthodes du « baron fou » disparaissent, mystérieusement empoisonnés. Le règne d'Ungern dans la capitale sera court, mais violent. Accueilli en libérateur au début, il se rend vite impopulaire par les exactions de sa soldatesque.

Au nord de la Mongolie, la situation militaire ne s'améliore pas. Un peu partout, l'Armée rouge triomphe tandis que les armées blanches sont en pleine déroute. Daouria et Tchita sont prises par les bolcheviks qui lorgnent désormais sur Ourga. La capitale mongole devient le point de ralliement de tous les Russes blancs qui fuient les exactions des Rouges.

Parmi eux se cachent des espions soviétiques qu'Ungern traque et fait exécuter sans relâche.

De plus en plus exalté, et convaincu de sa mission divine, le nouveau dieu veut à nouveau porter la guerre en Russie, soulever les Mongols et les Bouriates d'Extrême-Orient, les fédérer, puis, nouveau Gengis Khan, déferler sur la Russie à la tête de ses troupes et éradiquer la menace communiste dans un bain de sang. En mai 1921, trois mois seulement après la prise de la ville, la Division asiatique de cavalerie remonte vers le nord pour libérer la ville de Khiata des Rouges. Mais la campagne se passe mal. Les Mongols ne se soulèvent pas contre le pouvoir soviétique. Pour le ravitaillement, les cosaques pillent les réserves des paysans, ce qui achève de les rendre impopulaires. Pire, les Soviétiques ont formé une « Armée révolutionnaire mongole » de 10 000 hommes, bien équipés et disciplinés, qui s'empare d'Ourga quelques semaines après le départ d'Ungern. Privé de repli et de ravitaillement, celui-ci est contraint aux escarmouches. Loin de s'avouer vaincu, il donne l'ordre de marcher vers l'est, en direction de… Moscou, tandis que la plupart de ses officiers préconisent de prendre la direction de l'ouest et de se placer sous la protection des Japonais en Mandchourie. L'intransigeance d'Ungern causera sa perte. Au fil des jours et des combats, la Division asiatique de cavalerie s'étiole, et le « baron fou » est finalement trahi et abandonné par ses hommes qui le livrent pieds et poings liés aux Rouges.

La légende

La capture du « dernier général de l'armée blanche » est une prise de choix pour la propagande soviétique, qui traite son prisonnier avec respect, voire une certaine admiration. Contrairement aux usages, Lénine décide d'accorder un procès public au baron Ungern. « Jugez-le et fusillez-le ensuite », aurait-il ordonné. Il est transféré à Irkoutsk, où il a le droit à une visite de la ville, puis à Novonikolaïevsk, où son procès s'ouvre le 15 septembre 1921 à midi au théâtre Sosnovka, devant une salle comble. Ce n'est pas tous les jours qu'on juge un officier de l'armée tsariste. Sans surprise, le réquisitoire est implacable. On reproche au baron Ungern d'être un agent japonais, d'être un aristocrate, d'avoir combattu pour restaurer le tsar sur son trône, d'être un ennemi du peuple, etc. Le verdict est sans surprise non plus : à 17 h 15, le baron est condamné à mort et fusillé immédiatement après le verdict. Ainsi s'achève la vie de Roman Fiodorovitch von Ungern-Sternberg.

La fin ? Pas complètement. Comme le disent si souvent les Américains, « si la légende est plus belle que la réalité, imprimez la légende ». La geste du « baron sanglant » se propagera un peu partout dans le monde. Réalité ou fiction, il est parfois difficile de démêler le vrai du faux. Les survivants de la Division asiatique de cavalerie qui parviendront à gagner Kharbine et la Mandchourie relateront ses exploits aux Russes blancs en exil. En Union soviétique aussi, la légende du « baron sanglant » prospérera. Rien de tel qu'un aristocrate dégénéré et sanguinaire pour se convaincre de la supériorité de l'*Homo sovieticus*. En Allemagne, l'épopée du baron Ungern comptera de solides admirateurs, malheureusement pas toujours très bien intentionnés, et grands amateurs de croix gammées. En France aussi la « Ungernmania » se propagera, grâce aux romans de Jean Mabire, qui fera du « baron fou » un aventurier idéaliste et désabusé. Son ami Hugo Pratt en fera l'un des héros de sa bande dessinée *Corto Maltese en Sibérie* : « En avant ! à la recherche de nos folies et de gloires ! » C'est bien connu, les légendes ne meurent jamais.

LE SOLEIL DE LA NATION CORÉENNE

Par Christophe Bourseiller

Kim Il-sung
(1912-1994)

Dans un film, personne n'y croirait… Un tyran à ce point ubuesque, un dictateur aussi trivial et folklorique, il fallait au moins l'imaginaire d'un Alfred Jarry ou d'un George Orwell pour le concevoir. Quand il pose son séant sur une chaise, on la met sous plastique et on l'expose. Avant qu'il ouvre une porte, une escouade de gardes du corps essuie la poignée avec un chiffon blanc. On ne peut le regarder qu'en baissant les yeux. Chacune de ses paroles doit être bue avec un enthousiasme fort et visible. Il est conseillé de trépigner, d'applaudir en exultant… sous peine de mort ou d'emprisonnement.

Et connaissez-vous la *kimilsungia ?* Il s'agit d'une jolie orchidée à fleurs mauves, qui tire son nom du leader nord-coréen Kim Il-sung. Cette plante est vénérée depuis 1999. Chaque année, sa floraison est l'occasion d'une fête. Mieux encore : il existe en Corée du Nord un musée de la *kimilsungia*.

Comment la partie septentrionale de la Corée en est-elle arrivée à représenter aux yeux du monde l'archétype de la tyrannie d'opérette, marquée par l'omniprésence du tragicomique ? Tragique, parce que les habitants vivent dans une terreur perpétuelle, que des enfants naissent et grandissent dans des camps de concentration, et qu'une redoutable police de la pensée surveille les moindres faits et gestes. Comique, parce que les Nord-Coréens sont les acteurs involontaires d'une pièce de théâtre au ridicule achevé, dans un décorum d'opérette et d'absurdes carrousels, à l'image des agents qui règlent la circulation dans Pyongyang en un chorégraphique ballet de gestes éloquents alors que le trafic est quasiment nul.

L'inventeur de cette farce politique et meurtrière se nomme Kim Il-sung. Avez-vous lu le livre le plus courtisan de toute l'histoire de la littérature ? Cet ouvrage immortel se nomme : *La République démocratique de Corée vue par Norodom Sihanouk*. Allié circonstanciel de la Corée du Nord, l'ancien roi du Cambodge s'abîme dans l'hagiographie. Il est vrai que l'opus a été publié aux Éditions en langues étrangères de Pyongyang en 1983. On y glane ces lignes édifiantes : « Les efforts permanents du Président Kim Il-sung, homme d'État dont la parfaite intégrité, la compétence et la sagesse sont reconnues de tous, méritent d'être pleinement connus à l'étranger. » Qui est en substance ce « saint homme » ?

L'empreinte du stalinisme

Kim Il-sung naît le 15 avril 1912 dans la banlieue de Pyongyang, sous son nom véritable de Kim Seung-djou. Son village, Mankyeungdai, est devenu par la suite un lieu de pèlerinage, dominé par une chaumière proprette et manifestement récente, que l'on jurerait sortie d'un film de Walt Disney. Si le nom de famille est indéniablement « Kim », *« Seung-djou »*, signifie littéralement « devenir pilier », ce qui permettra à la propagande d'affirmer plus tard que, dès son jeune âge, l'enfant est un « pilier » de la patrie.

La famille de Kim Seung-djou est chrétienne. Elle appartient à une église presbytérienne. Son père est par ailleurs un militant indépendantiste antijaponais. Pour les Coréens, le Japon est, depuis toujours, l'ennemi héréditaire. Rien de plus normal au demeurant, puisque l'Empire nippon n'a cessé de coloniser son voisin et de lui imposer son joug. Plus précisément, l'armée de l'empire du Soleil-Levant occupe durement la Corée de 1910 à 1945. Dans un tel contexte, la famille Kim professe un clair sentiment antijaponais.

En 1920, elle déménage en Mandchourie, un vaste territoire qui s'étend à la fois en Chine et en Union soviétique. Il est vrai que, depuis 1917, les cartes sont rebattues. L'URSS représente-t-elle un phare du socialisme, qui pourrait rayonner jusqu'en Corée ?

Le petit Kim passe l'essentiel de sa scolarité en Mandchourie. En 1926, son père décède. La même année, il entre à l'école *Hwaseung,* située dans la partie chinoise de la Mandchourie. Il s'agit d'une école orientée, nationaliste, antijaponaise. C'est apparemment là que Kim s'initie au marxisme et découvre Lénine, mort en 1924. Il n'a toutefois que quatorze ans. On imagine que sa formation idéologique manque de ciment. Pourtant, Norodom Sihanouk affirme sans ciller que son idole « milite déjà pour un mouvement d'émancipation spécifiquement coréen ». Il monterait même, selon son hagiographe, une « Union pour abattre l'impérialisme », qui voit le jour le 17 octobre 1926.

En 1931, le Japon envahit la Mandchourie. Celle-ci devient un État fantoche : le Mandchoukouo. Âgé de dix-neuf ans, le jeune Kim Seung-djou entre alors véritablement en politique. Il intègre un groupe de partisans antijaponais d'obédience communiste. Kim cofonde bientôt l'Union de la jeunesse communiste coréenne. Il est clair que le nationalisme se situe à l'origine de son engagement communiste.

Plus prosaïquement, il rejoint la « Seconde Armée », surtout active dans l'est de la Mandchourie. Sous la houlette des Soviétiques, il crée en 1936 une « Association pour la restauration de la patrie », dont le programme en dix points ne manque pas de saveur, puisqu'il préconise la liberté de parole, de presse, de réunion et d'association.

Nous voici au zénith de la terreur stalinienne. Joseph Staline fera assassiner sept cent mille Russes en 1937. Il organise le culte de la personnalité. Le style stalinien, c'est un mélange de nationalisme russe (« le socialisme dans un seul pays ») et de double discours : alors même qu'il massacre son peuple, Staline se réclame perpétuellement de la démocratie et des droits de l'Homme.

À l'évidence, Kim est fortement marqué par le stalinisme. Il apparaît comme l'embryon d'un Staline coréen. En 1936, il adopte un pseudonyme clandestin, qui devient son nom de guerre : Kim Il-sung. Au vrai, ce pseudonyme se révèle riche d'enseignements, puisqu'il signifie, selon Norodom Sihanouk : « Kim devient soleil ».

Son fait d'arme le plus remarquable est un raid sur Pochonbo, en juin 1937. Présenté par la propagande nord-coréenne comme « la bataille de Pochonbo », cet événement consiste en un raid éclair des forces communistes venues de Mandchourie, qui franchissent la frontière et s'emparent pendant une journée de cette bourgade coréenne. Cet épisode est aujourd'hui relaté au musée de la Révolution de Pyongyang par un montage audiovisuel avec traduction simultanée en plusieurs langues, dont le français. Il ressort de ce montage qu'une sorte de superhéros nommé Kim Il-sung aurait à lui tout seul terrassé les forces japonaises à Pochonbo, avant de se retirer glorieusement. En réalité, le partisan a fugitivement occupé des positions stratégiques, libéré des prisonniers, combattu les policiers japonais et incendié des bâtiments administratifs. Encore n'était-il évidemment pas seul.

Quoi qu'il en soit, cette action courageuse lui vaut de devenir aux yeux des Nippons l'ennemi public numéro un. Une chasse à l'homme est organisée. Sa tête est mise à prix.

Avec un petit groupe de partisans, Kim Il-sung se voit forcé en 1940 de se réfugier en zone soviétique. Dès son arrivée en URSS, Kim est interné dans un camp de « mise à l'épreuve ». Face à l'afflux des réfugiés chinois et coréens, les Russes organisent un système de triage. Ils internent les réfugiés, puis vérifient leur identité. Libéré, Kim Il-sung finit par suivre des cours à l'école d'infanterie de Khabarovsk. Il y étudie pendant deux ans les affaires militaires, sous la direction d'officiers de l'Armée rouge. C'est à Khabarovsk que sa compagne, la militante communiste Kim Jong-suk, donne naissance à son fils Kim Jong-il en 1941.

En 1942, alors que la Deuxième Guerre mondiale fait rage, Kim Il-sung intègre la 88e brigade internationale de fusiliers de l'Armée rouge, qui comprend deux bataillons chinois et un bataillon coréen. Sur la recommandation du commandant chinois de la brigade, Zhou Baozhong, il prend la tête du bataillon coréen. Il est alors nommé capitaine. Tout ceci n'empêche pas l'actuelle propagande nord-coréenne de le désigner comme « le général Kim Il-sung » depuis 1932 !

C'est en Russie que tout se joue. Car à aucun moment le bataillon coréen n'est engagé contre les Japonais. Cette force internationale constitue une armée de réserve, principalement dissuasive. En d'autres mots, Kim Il-sung ne dirige nullement la guerre populaire pour la libération de la Corée, comme le claironnera sa propagande.

Il arrive à Pyongyang en septembre 1945, dans les bagages de l'Armée rouge. Il se voit aussitôt placé par les Russes à la tête du Comité provisoire du peuple, une structure qui coiffe les différents mouvements de résistance. Kim Il-sung ne dirige pas le Parti communiste de Corée, dont le siège est à Séoul. Il est vrai qu'il a si peu vécu en Corée, qu'il ne s'exprime pas correctement dans sa langue. En vitesse, on lui donne des cours de coréen. On lui achète aussi une garde-robe civile.

Et c'est le général soviétique Ivan Tchistiakov qui le présente au peuple coréen, le 14 octobre, comme un « héros national » et un « chef partisan ». Kim Il-sung est en réalité un apparatchik formé en Russie, qui n'a pas participé aux combats pour la libération de sa patrie, effective depuis le

15 août 1945, quand les troupes japonaises stationnées en Corée se sont rendues.

Deux Corées

En 1945, la Corée libérée se voit divisée en deux zones : le Nord sous contrôle soviétique, le Sud sous influence américaine. Kim Il-sung est l'homme choisi par les Russes pour gouverner leur zone.

Hélas, personne ne le connaît en Corée… Qu'à cela ne tienne. À l'instigation du NKVD, on lui crée de toutes pièces une structure politique : le Parti du travail de Corée. Il est ainsi propulsé sur le devant de la scène par la grâce de la Russie stalinienne. Dès 1945, on réécrit l'Histoire : officiellement, le général de l'Armée populaire révolutionnaire coréenne Kim Il-sung, qui a dirigé la résistance communiste à l'occupation japonaise en Corée, s'impose en 1945 dans le nord du pays, par son charisme, comme le principal dirigeant du pays, en tant que secrétaire général du Parti du travail de Corée, lui-même issu de la fusion du Parti communiste de Corée et de diverses formations modérées.

Concrètement, la République populaire démocratique de Corée est proclamée le 9 septembre 1948 par l'Assemblée populaire suprême, qui nomme Kim Il-sung Premier ministre. Le président en titre se nomme Kim Du-bong, lui aussi communiste. Sa fonction est purement honorifique. Pas une once de démocratie dans le processus, typiquement stalinien. Le 12 octobre, Moscou reconnaît le régime de Kim comme le seul légitime en Corée.

À la demande de Moscou, le chef communiste s'emploie sans attendre à créer une Armée populaire de Corée. Il met notamment en place un système de conscription qui mécontente la population et provoque des révoltes paysannes, ainsi qu'un exode vers le Sud. Des pilotes coréens apprennent à piloter des avions russes dans des bases de l'Armée rouge. Il est vrai que la situation internationale se tend.

Dès 1949, Kim Il-sung devient « le Grand Leader » du Parti du travail et de la République populaire et démocratique de Corée. Tous les partis politiques fusionnent dans un « Front démocratique pour la réunification de la patrie », coquille vide placée sous la direction des staliniens.

Kim s'emploie initialement à forger une société socialiste, sur le modèle de l'URSS. Il décrète l'égalité entre hommes et femmes. Non sans humour, il accorde le droit de vote aux femmes alors même que l'élection n'a plus aucune valeur réelle. Il mène aussi une lutte acharnée contre les religions, très diverses dans son pays.

Le Grand Leader déclenche surtout, le 25 juin 1950, la guerre de Corée. Nationaliste farouche, militariste avoué, Kim Il-sung décide de son propre chef, contre l'avis des Soviétiques et sans consulter la Chine, devenue communiste le 1er octobre 1949, d'envahir la Corée du Sud. Ce terrible conflit se solde par huit cent mille morts. Il a failli déclencher une troisième guerre mondiale thermonucléaire. La guerre a opposé directement les États-Unis et leurs alliés – sous le drapeau de l'ONU – aux armées russes et chinoises. Il s'agit surtout, de la part de Kim Il-sung, d'un formidable coup de poker, qui lui permet de se positionner comme partenaire et non plus comme vassal de l'Union soviétique.

La guerre s'achève le 27 juillet 1953. Or, le 5 mars de la même année, Staline est mort. Dès lors, c'est vers le Staline chinois, Mao Zedong, que Kim Il-sung se tourne.

Un dieu vivant

Il met en place une dictature totalitaire calquée sur le modèle stalinien. S'inscrit-il en parallèle dans la tradition coréenne, qui a toujours déifié les empereurs de Corée ? C'est justement ce qui le distingue. Dans son cas, le culte de la personnalité excède largement celui de Staline. Les Coréens sont sommés de traiter Kim Il-sung comme un dieu vivant. La Constitution nord-coréenne proclame que

« le président Kim Il-sung, Grand Leader, est le Soleil de la nation et le symbole de la réunification du pays ». Un « Soleil de la nation » qui réprime toute forme de contestation.

En 1956, la Russie tente de l'éliminer. Pendant l'été, Kim Il-sung est convoqué à Moscou. Nikita Khrouchtchev, qui veille à la déstalinisation, lui reproche avec véhémence le culte de la personnalité. Le séjour en Russie dure six semaines. Pendant son absence, la faction pro-russe de la direction coréenne passe à l'offensive. Elle décide de le destituer lors du prochain plénum du Comité central. À ce plénum, Choi Chang-ik prend effectivement la parole : il critique le culte de la personnalité et reproche à Kim d'avoir bâti un régime policier. Il affirme en outre que Kim Il-sung laisse la famine proliférer. Mais les pro-Kim se sont préparés. En coulisse, la répression s'abat. Les Nord-Coréens inventent en particulier un système original : quand un dissident est arrêté, non seulement on l'expédie dans un camp de concentration, mais toute sa famille est internée avec lui. On assiste ainsi, en Corée du Nord, à la création de vastes camps familiaux, avec de nombreux enfants qui naissent et grandissent en détention, dans des conditions terribles et dans la malnutrition. Interné à dix ans parce que son père a critiqué la politique de Kim, Kang Cheol-hwan témoigne : « L'un des souvenirs les plus traumatisants, c'est d'avoir vu un homme, pendu, sur lequel les autres prisonniers étaient obligés de jeter des pierres, picoré ensuite par les oiseaux pendant une semaine. »

Certains opposants parviennent à se réfugier en Chine. D'autres gagnent la Russie. Mais la plupart sont exécutés, à l'exemple du président de la Corée du Nord, Kim Du-bong, destitué après avoir été accusé d'être le cerveau du complot, et qui « disparaît » mystérieusement. Moscou et Pékin interviennent. En septembre 1956, une délégation conjointe sino-soviétique se rend à Pyongyang pour exiger de Kim Il-sung qu'il arrête les purges. Mais les membres du Comité central favorables à la Chine ou à l'URSS sont impitoyablement éliminés au fil des ans.

Dès le début des années 1960, Kim Il-sung consolide ainsi son pouvoir et s'émancipe de la tutelle soviétique. Lorsque la Chine rompt avec l'URSS en 1963, la République populaire démocratique de Corée se rapproche de Pékin, sans pour autant épouser la cause du maoïsme.

La doctrine du *Djoutché*

Kim Il-sung édifie, en 1972, une doctrine qui devient son évangile : le *Djoutché* (« Autosuffisance »). Le *Djoutché* régit chaque seconde de la vie. C'est au sens propre l'idéologie kimilsungienne. Dans le *Djoutché,* Kim Il-sung est perçu comme un dieu. Certains de ses zélotes affirment qu'il a créé le monde. En arrivant au pouvoir, les communistes ont détruit toutes les religions : ils ont assassiné les chamans, brûlé les temples et les églises. Mais le *Djoutché* est devenu la religion des Nord-Coréens, qui arborent tous un badge à l'effigie de Kim.

Le *Djoutché* énonce aussi que la famille de Kim Il-sung est sacrée. Dans une brochure publiée en français en 1973, on lit que la mère de Kim est « la mère de la Corée ». Elle a notamment composé une comptine pour son fils :

> Le ciel est haut,
> La terre est vaste,
> Toi, tu seras bien plus grand
> Que le Ciel et que la Terre.

On peut notamment admirer au fil des pages « les ustensiles de cuisine montrant la frugalité ménagère de Mme Kang Ban-seuk, dans la chaumière historique à Mankyeungdai ».

Devenu un « dirigeant céleste », Kim est très exigeant au plan typographique : son nom doit être écrit en un seul mot sur une seule ligne. Il ne peut en aucune façon être coupé en deux en cas de fin de page.

Dans toutes les écoles, il existe une salle spéciale dans laquelle on étudie exclusivement les textes de Kim Il-sung. Il importe de faire preuve en toute occasion d'un grand enthousiasme et de ne surtout pas exprimer ses doutes, si on en ressent. On recense par ailleurs, en 1992, quarante mille statues du grand homme.

Une dynastie

Kim Il-sung meurt d'une attaque cérébrale le 8 juillet 1994. Le deuil national dure trois ans. Toute personne violant les règles du deuil est immédiatement emprisonnée.

Véritable roi de Corée, Kim Il-sung a fondé une dynastie : son fils Kim Jong-il lui succède jusqu'en 2011, puis son petit-fils Kim Jong-un, poursuivant, voire accentuant, l'œuvre du géniteur, d'ailleurs considéré comme « Président éternel » par-delà la mort.

Si Kim Il-sung avait tenté, de son vivant, de préserver une apparence marxiste-léniniste, Kim Jong-il apparaît comme le tyran décomplexé d'un royaume d'opérette. Il se fait connaître dans le monde entier par sa coupe de cheveux inimitable – une sorte de frange surélevée rappelant la coupe rockabilly –, autant que par son goût pour les films américains, les jeux vidéo, les starlettes et l'alcool. Selon son cuisinier, aujourd'hui en fuite, le Japonais Kenji Fujimoto, Kim Jong-il aime tout autant jouer au bowling que chasser le faisan ou voir des films de son acteur favori, Clint Eastwood. Le *binge drinking* devient l'une de ses spécialités. Sur la table, Kim Jong-il pose deux mille dollars.

Puis le concours commence. Celui qui parvient à boire d'affilée dix bouteilles de cognac hors d'âge à deux mille euros le flacon remporte l'argent. Mais attention : interdit de vomir, sous peine de punition grave…

À partir de 1994, le dictateur fait installer trois mille deux cents obélisques à sa gloire, qu'il baptise en toute modestie « tours de la vie éternelle ». En 1997, il met en place un nouveau système calendaire, fondé sur la naissance de Kim Il-sung : 1912 devient ainsi l'an 1, et 2019 est ainsi l'an 107.

Les portraits de Kim Il-sung et de Kim Jong-il, omniprésents, doivent être époussetés chaque jour avec un chiffon spécial.

Nous savons que Kim Jong-il est né en 1941, en Union soviétique. Mais à son tour il réinvente l'Histoire. Le voici né en 1942 sur le plus haut sommet coréen, le mont Paektu, dans une base secrète de Kim Il-sung… Sa naissance aurait été annoncée par une hirondelle, qui fait passer la Corée de l'hiver au printemps. Elle a été augurée par la naissance d'une étoile. Un double arc-en-ciel a surgi dans le ciel…

Quant aux écoliers, qui bénéficient déjà d'une salle spéciale pour étudier les œuvres de Kim Il-sung, ils s'en voient octroyer une seconde, dédiée à Kim Jong-il. Ils y apprennent que leur leader a appris à lire et à marcher avant l'âge de six mois et qu'il contrôle la météo selon son humeur.

En 2009, l'agence de presse nord-coréenne annonce que « la nature et le ciel ont déployé une grandiose extase mystérieuse pour célébrer l'anniversaire de Kim Jong-il ». Kim Il-sung avait sa fleur, l'orchidée *kimilsungia*. Qu'à cela ne tienne, on invente une espèce nouvelle de bégonia : la *kimjongilia*.

À sa mort, le 17 décembre 2011, la même agence de presse rapporte sans rire que des morceaux de glace se seraient rompus « avec un fracas sans précédent » au mont Paektu.

Le fils de Kim Jong-il, Kim Jong-un, lui succède donc en 2011. Sans rompre avec le *Djoutché,* le nouvel héritier semble moins extravagant que son père et renoue avec le style moins ostentatoire, si l'on peut dire, de Kim Il-sung. Il se contente ainsi d'être désigné comme « dirigeant suprême de la République populaire démocratique de Corée, président du Parti du travail de Corée, commandant suprême de l'Armée populaire de Corée, et président de la Commission des affaires de l'État ». Un modeste, en somme.

On lui doit certes quelques frasques mémorables. En 2013, il fait assassiner sa petite amie. Le 12 décembre de la même année, il fait éliminer son oncle Jang Song-taek au canon antiaérien, pour avoir commis le crime de s'être assoupi pendant un discours du chef. Dans la foulée, il fait exécuter tous les proches de l'oncle : sa sœur et son mari, son neveu et ses deux fils… En 2015, il fait empoisonner sa tante à la suite d'un désaccord sur l'opportunité de créer un parc aquatique.

Pour le reste, rien de particulier : il est capable de gravir le mont Paektu (2 744 mètres) sans manteau et en souliers vernis. Il sait conduire les avions sans avoir appris le pilotage. Sa présence génère un champ magnétique qui attire les femmes. Il connaît le lieu secret où gîtent les licornes : elles se cachent en plein cœur de Pyongyang. Pour lutter contre la famine, il envisage de créer une race de lapins géants.

Bref, un type tout à fait ordinaire…

LE DERNIER EMPEREUR

Par Philippe Di Folco

Merci papas !

Bokassa Ier
(1921-1996)

Deux ans, neuf mois et seize jours. Couronné en mondovision devant l'autel de la cathédrale de Bangui le 4 décembre 1977, sous le nom de Bokassa Ier, Jean-Bédel prend en toute discrétion le chemin de l'exil, par avion, le 21 septembre 1979, depuis Tripoli direction Abidjan, béni par son « ami » Mouammar Kadhafi. En termes de régime, l'Empire centrafricain demeure tout compte fait l'un des plus brefs de l'Histoire. Dès son avènement, Sa Majesté Bokassa fait les choux gras d'une presse à scandale. Mythes et légendes vont bon train : quand ce n'est de cannibalisme, on l'accuse de multiples viols et de massacres à la chaîne. Quarante ans plus tard, que reste-t-il de vérités, où sont les faits, au-delà de l'écume qui mêle hubris, ridicule, compromissions, trafics et théories du complot ?

Un jour mon prince viendra

Cinquante ans avant sa chute. Il faut imaginer un jeune homme maigre, pas très grand mais aux muscles secs et au regard vif, le corps couvert de cicatrices. Né en 1921, devenu orphelin, éduqué par les Pères blancs d'une mission chrétienne installée à la lisière de la grande forêt équatoriale – deuxième poumon de la Terre, mais surtout source de revenus considérables pour le colon français et la toute-puissante Compagnie forestière –, Jean-Bédel se souvient. Son père, massacré par une milice privée inflexible, son père, au fond d'un cachot, qui ose revendiquer des droits pour les coupeurs d'essences rares. Sa mère, qui se suicide à l'annonce du décès de son époux.

Graine de prêtre, terreau idéal pour le sacerdoce, il quitte l'Oubangui-Chari pour Brazzaville, alors ville-phare de l'Afrique équatoriale française, l'AEF, surnommée la « Cendrillon de l'Empire colonial français » par l'historien Michel Devèze en 1948. Cendrillon ? Négligée, surexploitée pour ses ressources forestières, repaire à touristes friqués nostalgiques des grandes épopées façon Henry Stanley : pour Devèze qui croit dur comme fer à la pérennité de la souveraineté française sur cette moitié d'Afrique, c'est un appel à une exploitation plus rationnelle des richesses de l'AEF, « peuplée de trop de laissés-pour-compte ».

Dans l'intervalle, la Seconde Guerre mondiale jette des milliers de jeunes gens issus des territoires coloniaux dans les rangs de la France libre. Jean-Bédel, après avoir été cuisinier dans un mess, s'enrôle dès mai 1939 comme tirailleur au sein des troupes coloniales. En août 1940, prenant du galon, il rejoint les Forces françaises libres commandées par le colonel de Larminat, qui défient les autorités de Vichy : Brazzaville devient la capitale de la France libre, quand le 24 octobre, le général de Gaulle y débarque pour une série d'« inoubliables discours », derrière lesquels il faut lire trois maîtres mots : « Conserver l'intégrité de l'Empire ».

Le grand Charles inspire le jeune sergent Jean-Bédel qui irait jusqu'à Berlin s'il le lui demandait. Charles ? C'est son nouveau papa. En août 1944, Jean-Bédel fait partie des commandos qui débarquent en Provence, rejoignant la 2e DB jusqu'au sud de la Bavière. Diagnostiqué myope, le voici commis aux transmissions au camp de Fréjus, puis à Saint-Louis du Sénégal.

En 1950, le radio-transmetteur débarque en Indochine. Il y reste sept ans, le temps d'assister au premier embrasement de cette région, de se marier avec une Vietnamienne de 17 ans, d'avoir une fille, de recevoir la Croix de guerre et la Légion d'honneur. Abandonnant femme et enfant, le lieutenant Bokassa ne revoit sa terre natale qu'en 1961, âgé de 40 ans : au moment de l'indépendance de la République centrafricaine, en partie l'œuvre du prêtre Barthélemy Boganda, qui se trouve être de sa famille. Il intègre les forces armées de son pays, formées par des militaires venus de l'Hexagone. De l'Union française, de ce « *Commonwealth* » promis et désiré par de Gaulle, il ne reste bientôt plus rien. Sur ses ruines, Jean-Bédel, toujours aussi myope mais gagné par la bedaine, échafaude alors un plan de reconquête. L'enfant de troupe est mort. Les douze coups de minuit commencent à retentir. Du fond de son cachot, Mindogon, le fantôme de son père génétique, fait entendre un long gémissement...

La prise du pouvoir

Dans la famille Bokassa on trouve aussi David Dacko, premier président de la jeune République, un vague cousin de Jean-Bédel, comme lui né dans le Lobaye, à Mbaïki, au sud-ouest du pays. David, sollicité, voire harcelé par son cousin, propulse celui-ci dans les hauts rangs de l'armée centrafricaine. Bien mal lui en a pris. En véritable Iznogoud, le colonel Bokassa ne cesse de paraître sur les photos officielles, dans les dîners protocolaires, quand ce n'est pas dans les casernes qu'il visite plusieurs fois par semaine pour raconter ses hauts faits de guerre aux jeunes recrues.

Fin 1964, Dacko, voyant se multiplier les coups d'État chez ses voisins, déclare publiquement que « le colonel Bokassa ne cherche que des médailles et les honneurs, il est bien trop stupide pour organiser un renversement du Gouvernement », tout en recevant une délégation d'officiels chinois envoyés par Mao.

Inquiet de cette dérive rouge, Bokassa part pour la France assister au défilé du 14 juillet 1965 aux côtés de papa Charles, puis se voit interdit de séjour dans son propre pays. De Gaulle, furieux, appelle Dacko pour lui ordonner de réintégrer « son vieux compagnon d'armes », ajoutant qu'il ne tolérerait « aucun mauvais traitement fait à un héros de guerre ». Au même moment, la CIA s'en mêle. Mais le Général, qui est sur le point de couper les ponts avec l'OTAN, rassure ses anciens alliés : Dacko n'en a plus pour longtemps, lui qui vient de consacrer l'argent chinois à s'offrir une garde rapprochée de quelque cinq cents hommes sous le commandement de Jean Izamo, et à conforter les oligarchies locales, corrompues jusqu'à la moelle.

Ayant toute l'armée régulière à ses côtés, Bokassa planifie son coup en convoquant Izamo dans ses propres quartiers, tandis que celui-ci est déjà en train de sabrer le champagne pour sa prochaine nomination à la tête des forces armées, quelques minutes avant le 1er janvier 1966. Izamo est immédiatement abattu, laissé pour mort au fond d'une cave. Bokassa et ses hommes se ruent ensuite vers le palais présidentiel, trouvent Dacko caché dans les jardins, et le forcent à signer sa démission.

En allumant Radio Bangui, dans ce lendemain de fête, les Centrafricains entendent un message officiel qui passe en boucle, leur intimant le calme, leur assurant que la propriété est respectée, que la bourgeoisie va disparaître, que le temps de l'égalité et de la justice est enfin arrivé. Dans les rues, près de 3 000 soldats patrouillent. La Constitution est abrogée, un Conseil révolutionnaire remplace le gouvernement et l'Assemblée nationale, devenue un « cadavre inutile » selon Bokassa, est dissoute ; de nombreuses personnalités sont arrêtées, et tous les prisonniers de droit commun, libérés. Le seul parti autorisé est le Mouvement d'évolution sociale de l'Afrique noire (Mesan) fondé par son parent, Boganda, quinze ans plus tôt.

Outre son armée, Bokassa s'appuie sur l'un de ses officiers, Alexandre Banza. Les menaces sur le nouveau régime sont multiples : extérieures d'abord, avec les lumumbistes venus de l'ex-Congo belge et les Forces révolutionnaires soudanaises ; intérieures ensuite avec les groupuscules communistes, les légalistes et les représentants des multinationales. Car le pays est devenu aussi prometteur que le Congo ou le Gabon dans un domaine stratégique : ses richesses en uranium.

Vers l'apothéose

En quelques mois, Bokassa se transforme en un véritable Robespierre : au nom de la Vertu, il ordonne à tous les citoyens de trouver un travail sous peine de finir en prison, et prohibe les jeux d'argent. S'il abolit l'excision, il interdit aussi la polygamie, la transmission de patrimoine par dot et l'ensemble des pratiques tribales encore en usage sur le territoire. Cette marche au catholicisme forcée s'accompagne de procès en inquisition.

Cependant, Bokassa s'attaque aussi à de réels problèmes économiques : transports interurbains, constructions immobilières, sanitaires ; de sensibles progrès sont observés durant les deux années qui suivent sa prise de pouvoir. En rompant les relations diplomatiques avec la Chine communiste, Bokassa commence à sympathiser avec ses voisins, puis en novembre 1966, la visite officielle du général de Gaulle à Bangui finit d'asseoir le nouveau régime sur la scène internationale.

Fin 1967, toujours menacé sur ses frontières de l'Est, Bokassa envoie Banza, officiellement ministre de la Santé publique, à Paris, réclamer une assistance militaire : une centaine de soldats français atterrissent à Camp de Roux, principale base du pays. Certains militaires locaux commencent à râler. Banza pense pouvoir saisir sa chance. Mais Bokassa a des espions partout. Le complot est éventé et, en avril 1969, Banza est exécuté pratiquement devant ses juges, à la sortie d'un procès expéditif : le premier coup porté l'aurait été par Bokassa lui-même, à l'aide d'un couteau.

Cet assassinat, jugé inqualifiable à l'extérieur, marque alors un durcissement du régime. En 1971, autoproclamé généralissime, puis maréchal-président à vie, Bokassa nomme, à la surprise générale, une femme au poste de Premier ministre : Élisabeth Domitien, en fait l'une de ses maîtresses. Un geste assez révélateur du péché mignon présidentiel : selon le témoignage de l'une de ses filles, Marie-France, née en 1974, Bokassa eut au total dix-sept épouses. Polygame éhonté, poursuivi au civil par de nombreuses mères abandonnées, il est aussi le père de cinquante-cinq enfants.

Plus incohérentes encore semblent être ses décisions en matière de politique extérieure. On voit Bokassa se rapprocher du dictateur roumain Nicolae Ceausescu, puis de l'autocrate libyen, apôtre de la « troisième voie », Mouammar Kadhafi. Panique chez les agents français. Quand Valéry Giscard d'Estaing arrive au pouvoir en 1974, il délègue à René Journiac le dossier Bangui, devenu ultrasensible. La « Françafrique » se fissure. Dès 1975, entre deux safaris, Giscard entreprend de fournir à Bangui de nombreuses aides militaires et financières. L'ordre semble revenu. En vérité, Paris s'est assuré que l'ensemble de l'uranium produit en Centrafrique parte alimenter les centrales nucléaires françaises. Bokassa n'en continue pas moins d'inquiéter, et pas seulement le Quai d'Orsay. En septembre 1976, il se rend en Libye et annonce qu'il se convertit à l'islam. En décembre suivant, face aux militants du Mesan, il clame son amour du catholicisme. Dans les jours qui viennent, pris d'une sorte de fièvre, il proclame la naissance de l'Empire centrafricain et d'une nouvelle constitution. Le nouveau drapeau reste ambigu : un fond vert, quasi coranique, sur lequel éclate un soleil frappé d'un aigle doré.

Bokassa Ier, empereur de Centrafrique

Bien entendu, n'est pas Napoléon qui veut. Mais en matière de décorum, il met le paquet. Qu'on en juge. Un tiers du budget annuel national consacré à la seule préparation de la cérémonie du couronnement, prévue un an jour pour jour après la proclamation de l'empire, le 4 décembre 1977, soit 100 millions de francs lourds. Un sacré sacre ! Couronne couverte de diamants copiée sur celle de l'Empire britannique, sceptre-lance et orbe, costumes et traîne, trône doré en forme d'aigle aux ailes déployées pesant 2,8 tonnes et haut de plus de trois mètres… Sans compter les orchestres, les repas, l'aménagement de la cathédrale et de l'immense salle omnisport de Bangui ainsi que de toutes les artères de la capitale, le soin avec lequel on traite les invités de marque, la retransmission sur les chaînes du monde entier, de nouveaux uniformes pour les soldats, des milliers de drapeaux cousus d'or, un interminable feu d'artifice… Une enquête ultérieure démontrera que la France a largement financé cette politique somptuaire et pas seulement aidé sur le plan de la logistique. Les fonds proviennent de virements émis par la Banque française du commerce extérieur, alors dirigée par François Giscard d'Estaing, cousin du président, lequel présente à Bokassa un maître de cérémonie, Jean-Pierre Dupont, officiellement négociant en produits agricoles.

Dupont et son épouse ont le champ libre. Bokassa veut écraser les fastes de l'empereur éthiopien Hailé Sélassié, mort quelques mois plus tôt, devenir ainsi le seul empereur africain, renvoyer aux oubliettes la démesure du chah d'Iran et marquer la grande Histoire. La note est en effet salée et les fournisseurs français se frottent les mains : convoyés par avion, 250 tonnes de pétales de rose venues de Nice, 25 000 bouteilles de champagne et le double de grands vins, des tonnes de matériel, pinceaux, pots de peinture, équipements électriques, pour toiletter les rues de Bangui, prises dans la folie d'un tournage digne des grandes heures d'Hollywood, avec plusieurs centaines de véhicules, voitures de luxe et motos rutilantes, 4 500 uniformes d'apparat, des centaines de chevaux… La couronne, incrustée de pierres précieuses, est ouvragée par l'orfèvre français Arthus-Bertrand.

Bokassa a pensé à son impératrice, Catherine, et à ses sept enfants officiels : eux aussi doivent briller de tous leurs feux devant les caméras du monde, le couturier Pierre Cardin s'y engage. Rouge et or, le sacre reprend les couleurs de la pompe napoléonienne ; les commentateurs en perdent leurs mots, seul Léon Zitrone parvient à guider les téléspectateurs, sur le fil ténu d'un show confinant au burlesque. Selon Jacques Foccart, l'ancien secrétaire général de l'Élysée pour les Affaires africaines sous de Gaulle puis Pompidou, « Giscard lui passe trop de caprices ; ce sacre est une mascarade ». De fait, parmi les 5 000 invités officiels, on remarque de nombreuses chaises vides : absents, Omar Bongo, Félix Houphouët-Boigny, Léopold Sédar Senghor, et même le général Mobutu ; quant à Giscard, il trouve une excuse, et se fait représenter par son ministre de la Coopération. C'est l'humiliation.

Le roi de la Basoche, souverain pour rire des étudiants en droit de Poitiers, a, quant à lui, réussi à se faire inviter…

La chute

Durant les deux ans et demi de son règne, Bokassa ne cesse pas d'entretenir des relations avec Kadhafi, ce qui énerve au plus haut point la Giscardie. Paris bloque les aides. Bokassa s'en moque, puisque Tripoli l'abreuve de dollars frelatés. Au printemps 1979, l'échiquier international tremble, car se profile la chute du régime impérial iranien. La montée de l'islamisme prend une nouvelle dimension. La Légion est prête à sauter sur Bangui.

Sur le plan intérieur, Sa Majesté doit faire face à une montée des revendications chez les étudiants, rapidement réprimée en un bain de sang largement relayé par les médias. La coupe est pleine. Bokassa est dépeint en monstre sanguinaire, en ogre polygame et cannibale. C'est la curée. La bête doit partir ou mourir. Ainsi est déclenchée depuis Paris l'opération Caban (acronyme militaire pour « Centrafrique Bangui »). Durant l'été 1979, les services secrets français, en accord avec l'armée, décident de monter une action visant à renverser l'empereur. Sont infiltrés en grand secret quelques agents, de façon à ne pas éveiller les soupçons du palais impérial situé à Bérengo. La date choisie, le 20 septembre, est celle d'un voyage officiel de Sa Majesté à Tripoli. La veille, plusieurs transporteurs de troupes décollent de la base tchadienne de N'Djamena, le protocole Barracuda prend la forme de quatre hélicoptères et quatre Transall remplis de parachutistes d'infanterie de marine. L'ancien président David Dacko fait partie du voyage. À minuit une, l'aéroport de Bangui M'Poko est pris. À minuit trente, Dacko s'empare des micros de Radio

Bangui pour annoncer la destitution de l'empereur et le rétablissement de la république.

Bilan : zéro victime et aucun coup de feu tiré. Une vraie réussite. Quatre heures plus tard, les soldats français repartent vers le Tchad. Giscard est vengé. Pas si sûr... Trois semaines plus tard, *Le Canard enchaîné* révèle la fameuse « affaire des diamants » : pourtant peu loquace, Giscard confessera lui-même, beaucoup plus tard, que cette histoire de « cadeau présidentiel empoisonné » – en réalité, un cadeau reçu quand il n'était que ministre des finances en 1973 – lui valut en grande partie sa non-réélection.

Vers la réhabilitation

Aussi curieux que cela puisse paraître, Jean-Bédel Bokassa est, depuis 2010, redevenu en Centrafrique une figure majeure de l'histoire de son pays, du moins dans les manuels scolaires. Il est considéré désormais comme un maillon essentiel dans la construction du « roman national ». Absous de tous ses crimes, il a même de nouveau droit de citation et de commémoration.

Bangui, frappée d'amnésie ou de déni ? Nullement. Après sa chute, Bokassa trouve refuge en Côte d'Ivoire : son ancien compagnon d'armes, Houphouët-Boigny, lui accorde l'asile à condition qu'il se fasse discret. Il faut savoir que l'empereur a, dès 1978, rapatrié femmes et enfants en France, dans un château, celui d'Hardricourt, situé à une dizaine de kilomètres de Mantes-la-Jolie. Achetée par l'empereur sur ses fonds propres, cette propriété devient le refuge de sa nombreuse progéniture – et, bientôt, de sa personne, la France lui accordant l'asile en 1983, officiellement pour « ses faits d'armes au sein des Forces françaises libres ». Une sorte d'île d'Elbe, où Bokassa perd bientôt tout espoir d'un retour triomphal à Bangui. Les jours s'écoulent dans cette bâtisse datant de Napoléon III, ancienne propriété d'un industriel. Assigné à résidence durant le premier septennat de François Mitterrand, l'empereur déchu ne tarde pas à s'y ennuyer.

Dans sa capitale, un procès par contumace l'a condamné à mort en décembre 1980 pour « massacre de civils ». On y accumule les dossiers, les témoignages, la chose promet d'être exemplaire. Coup de théâtre : le jugement est cassé. Bokassa propose ensuite ses Mémoires à un éditeur. Le manuscrit est *illico presto* saisi et détruit. En 1986, nouveau coup de théâtre, Bokassa propose de se présenter à ses juges. Le 12 juin 1987, les accusations de cannibalisme sont levées, mais pas celle de haute trahison. Condamné à mort, l'ex-empereur fond en larmes. Incarcéré, il apprend que la Cour suprême rejette l'appel. Se préparant à mourir, il apprend par la radio que le nouveau président, André Kolingba, qui souhaite abolir la peine de mort, commue la peine de Bokassa en prison à vie. En 1993, alors que la démocratie l'emporte dans le pays, Kolingba prononce une loi d'amnistie générale, un grand pardon, et Bokassa se retrouve libre le 1er août, un peu abasourdi, comme sonné, le corps alourdi par des années d'excès.

Peu avant sa mort, d'une crise cardiaque, dans sa petite résidence surveillée de Bangui le 3 novembre 1996, il tente de rencontrer le pape, affirmant être un nouvel apôtre. Le Saint-Siège ne donne pas suite… Sa progéniture se partage les restes de son patrimoine. Son fils aîné, Georges, se revendique prince héritier. On ne sait jamais.

Historissimo continue

Le dernier roi fou est décédé le 13 février 2018 à l'âge de 83 ans. Mais était-il vraiment roi ? Son Altesse le prince Henrik de Danemark n'avait droit qu'au titre de « prince consort » et cette infériorité le blessa au point de lui faire perdre la raison.

« Chaque fois que j'ouvre la bouche, les gens se demandent si j'ai l'autorisation de ma femme pour parler », confiait-il alors que les relations se tendaient avec son épouse, la reine Margrethe II, montée sur le trône en 1972. « L'imagination populaire voit dans un prince consort une silhouette vouée à l'humilité, une figure falote destinée à glisser discrètement trois pas derrière la souveraine, écrivait-il dans son autobiographie, *Destin oblige*. L'inconscient des peuples fait présumer que l'époux qui va vivre chez sa femme demeurera toujours un intrus. [...] Le rôle de prince consort est l'un des plus difficiles à tenir car on est en permanence sur la corde raide et chacun essaye de nous faire tomber. »

Position d'autant plus inconfortable que le prince Henrik était un aristocrate français que rien ne préparait à ce rôle de figuration. Né Henri Marie Jean André de Laborde de Monpezat, le 11 juin 1934, musicien et fin lettré, auteur de plusieurs recueils de poésie mais aussi chasseur et gastronome, musicien et sculpteur, cet hédoniste se destinait à la diplomatie : en poste à Londres, il y a rencontré au cours d'une soirée la princesse danoise qu'il a fini par épouser, à Copenhague, en 1967.

Ce fut par ce tour du destin qu'il s'est retrouvé si loin de son château du Lot, dans un pays triste et glacé dont le puritanisme s'accommodait mal de sa fantaisie. Un Français jouisseur, même s'il a renoncé à son nom et à sa religion, reste un Français jouisseur et jamais le prince Henrik ne s'est senti adopté ni même compris de ses sujets : « Je me sens mis à l'écart depuis trente ans, sous-estimé et rejeté. On ne m'a pas respecté ou reconnu pour ce que je fais », déclarait-il déjà en 2002, humilié de ne pas avoir été autorisé à présider le bal du corps diplomatique en l'absence de la reine. Il y avait quelque chose de pourri au royaume du Danemark et le prince annonçait bientôt qu'il ne voulait pas être inhumé aux côtés de Margrethe dans la nécropole royale de la cathédrale de Roskilde, mais dans son château français. Inégaux dans la vie ? Inégaux dans la mort !

Emporté par une tumeur au poumon gauche et une infection pulmonaire, le malheureux avait renoncé depuis deux ans à toute fonction officielle : dès septembre 2017, la Maison royale avait admis publiquement « une dégradation des fonctions cognitives » du prince, qui souffrait de démence.

Au pays de la Petite Sirène et du féminisme militant, le prince Henrik avait cru pouvoir se faire admettre en traduisant, avec la reine, Simone de Beauvoir en danois. Peine perdue, tout autant que ses efforts pour se voir reconnaître le titre de roi : « Pourquoi ne suis-je que prince consort, autrement dit le mari de la reine ? Je n'ai aucun statut. Je me suis moi-même déclaré prince consort pour me donner une place dans la société danoise ainsi qu'une raison d'être et une position dans la fonction royale. Ça me met en rogne car je suis victime de discrimination. En permanence, on me réserve un traitement inférieur à mon épouse. Enfin pourquoi le Danemark devrait-il copier l'Angleterre ? L'égalité dans le couple, qui est le fondement du mariage, doit être respectée. Après tout, le Danemark est en pointe sur le sujet de l'égalité des sexes, pourquoi serais-je le seul à être considéré comme inférieur à ma femme ? »

Cette grave question de l'égalité entre les sexes, la collection « Historissimo » doit elle aussi se la poser. Après un livre sur les affreux de l'Histoire exclusivement masculin, puis le présent ouvrage dans lequel Jeanne la Folle est la seule figure de femme, il est temps d'équilibrer les proportions. Le prochain titre sera donc purement féminin : loin des stéréotypes archaïques et des assignations naïves, il recensera les plus grandes harpies de l'histoire universelle.

LES AUTEURS

David Alliot est né en 1973 et travaille dans l'édition. Spécialiste des écrivains Louis-Ferdinand Céline et Aimé Césaire, il est l'auteur de *Madame Céline* (Tallandier), et coauteur avec Philippe Charlier de *Autopsie des morts célèbres* (Tallandier).

Hélios Azoulay est compositeur, clarinettiste et directeur musical de l'Ensemble de musique incidentale. Essayiste, il a publié *Scandales ! Scandales ! Scandales !* (Lattès), *Tout est musique* (Vuibert) et, avec Pierre-Emmanuel Dauzat, *L'enfer aussi a son orchestre* (Vuibert). Son premier roman, *Moi aussi j'ai vécu* (Flammarion), est paru en janvier 2019.

Jean-Yves Boriaud, professeur émérite à l'université de Nantes, est un spécialiste de l'Italie de la Renaissance. Il a traduit, pour les Belles Lettres, de nombreux textes latins de cette période (Boccace, Pétrarque, Poggio Bracciolini, Alberti) et publié, aux éditions Perrin, les biographies de Galilée et de Machiavel (prix Provins Moyen Âge) ainsi qu'une histoire de la saga des Borgia *(Les Borgia, la pourpre et le sang)*. Sa dernière publication consiste en un regroupement de plusieurs ouvrages méconnus de Machiavel *(L'Art de la diplomatie. La France et l'Allemagne)*.

Christophe Bourseiller, journaliste, écrivain et acteur, achève actuellement une thèse de doctorat en histoire. Spécialiste des courants politiques et religieux minoritaires ainsi que des théories du complot, il est l'auteur de trente-cinq livres. Dernier ouvrage paru : *Et s'ils étaient tous fous ? Enquête sur la face cachée des génies* (Librairie Vuibert).

Sophie Brouquet est professeure d'histoire médiévale à l'université Toulouse-Jean-Jaurès. Après une thèse sous la direction de Jacques Le Goff consacrée à *La violence des étudiants à Toulouse à la fin du Moyen Âge,* ses recherches se portent actuellement sur la violence, la délinquance et la marginalité.

Nicolas Carreau est journaliste à Europe 1 et aux *Inrockuptibles*. Adepte de curiosités historiques, il aime chasser le mystère et les affaires non résolues. Il a publié *Les Légendes du Masque de fer* et *La Vraie Vie des héros* (Librairie Vuibert).

Philippe Delorme est historien, spécialiste des têtes couronnées et des grands destins. Il a été pendant plus de vingt ans journaliste au magazine *Point de Vue* et créateur du trimestriel *Point de Vue Histoire*. Il est aujourd'hui chroniqueur à *Valeurs actuelles* et l'auteur d'une quarantaine d'ouvrages. Après son *Dictionnaire insolite des dynasties du monde,* il vient de publier *Les Énigmes de l'Histoire* à L'Opportun.

Philippe Di Folco est écrivain, scénariste et enseignant. Il a coécrit le film *Barbara* avec Mathieu Amalric. Son dernier ouvrage publié est le *Dictionnaire des mafias et du crime organisé* (Perrin).

Bruno Fuligni, écrivain, historien, maître de conférences à Sciences Po, est l'auteur de trente livres sur l'histoire politique française. Il vient de publier *L'Incendie du Bazar de la Charité* (L'Archipel) et *Mes Dossiers secrets* chez Flammarion.

Bruno Léandri, écrivain, chroniqueur et scénariste, longtemps collaborateur du mensuel *Fluide glacial,* est l'auteur de *La Grande Encyclopédie du dérisoire*. Il vient de publier *Les Ratés de l'aventure* aux éditions du Trésor.

Nicolas Mietton, historien, a présenté et annoté différents Mémoires (dont le journal de Maurice Paléologue, *Le Crépuscule des tsars*, Mercure de France). Il est l'auteur de *Destins de diamants* (Pygmalion), d'une *Histoire érotique de la diplomatie française* (Payot) et de *Femmes de pouvoir* *de l'Antiquité* (Prisma). Il anime l'émission *Dialogue sur l'histoire* sur Fréquence Protestante.

Clémentine Portier-Kaltenbach, journaliste et historienne, a publié *Histoires d'os et autres illustres abattis* (Lattès), *Grands Z'héros de l'histoire de France* (Lattès), *Secrets de Paris* (Librairie Vuibert) et *Embrouilles familiales de l'histoire de France* (Lattès). Elle a dirigé *Coups de chœur. Ils racontent leur église préférée* (Tallandier).

Claude Quétel, historien, directeur de recherche honoraire au CNRS, est l'auteur de nombreux ouvrages parmi lesquels *Le Canapé de Beria. Mémoires d'un chasseur d'objets* (Lattès). Il vient de publier *Crois ou meurs ! Histoire incorrecte de la Révolution française* (Tallandier/Perrin).

Pascal Varejka, titulaire d'un DEA d'histoire, a publié plusieurs ouvrages, ainsi que des articles historiques dans divers périodiques *(Paese, Notre histoire, Muséart, Historia, Actualité de l'histoire mystérieuse, L'Européen, Jeune Afrique, Folle Histoire, Marianne, Femme Actuelle Jeux Histoire)*. Dernier livre paru : *C'est l'histoire du* XIX*e* *arrondissement* (La Lucarne des Écrivains).

Loïc Sécheresse devient illustrateur après des études aux Beaux-Arts d'Orléans. Travaillant d'abord pour la presse et la publicité, il oriente sa pratique vers la bande dessinée, avec des albums comme *Heavy Metal* chez Gallimard ou *Ys* chez Delcourt. Résidant à Nantes depuis 2015, et travaillant au sein de l'atelier Oasis 4000, Loïc Sécheresse est un dessinateur toujours en recherche de justesse dans le geste et de lyrisme dans son trait.

TABLE